ALBERTO MARTÍN BARRERO

EL PROCESO DE ENSEÑANZA-APRENDIZAJE EN EL FÚTBOL

Aproximación a un enfoque basado en competencias en el Fútbol Formativo

©Copyright: Alberto Martín Barrero
©Copyright: De la presente Edición, Año 2019 WANCEULEN EDITORIAL

Título: EL PROCESO DE ENSEÑANZA-APRENDIZAJE EN EL FÚTBOL
Autor: Alberto Martín Barrero

Editorial: WANCEULEN EDITORIAL
Sello Editorial: WANCEULEN EDITORIAL DEPORTIVA
Colección: WANCEULEN FÚTBOL FORMATIVO

ISBN (PAPEL): 978-84-9993-995-7
ISBN (EBOOK): 978-84-9993-996-4

Depósito Legal: SE 606-2019

Impreso en España. 2019

WANCEULEN S.L.
C/ Cristo del Desamparo y Abandono, 56 - 41006 Sevilla
Dirección web: www.wanceuleneditorial.com y www.wanceulen.com
Email: info@wanceuleneditorial.com

Reservados todos los derechos. Queda prohibido reproducir, almacenar en sistemas de recuperación de la información y transmitir parte alguna de esta publicación, cualquiera que sea el medio empleado (electrónico, mecánico, fotocopia, impresión, grabación, etc.), sin el permiso de los titulares de los derechos de propiedad intelectual. Cualquier forma de reproducción, distribución, comunicación pública o transformación de esta obra solo puede ser realizada con la autorización de sus titulares, salvo excepción prevista por la ley. Diríjase a CEDRO (Centro Español de Derechos Reprográficos, www.cedro.org) si necesita fotocopiar o escanear algún fragmento de esta obra.

"Dedicado a todos aquellos que me han permitido crecer personal y profesionalmente, ellos y ellas saben quienes son"

ÍNDICE

PRESENTACIÓN 9
   PRÓLOGO 11
   INTRODUCCIÓN... 17
        Antes de empezar 21

BLOQUE I. DONDE TODO EMPIEZA... "LA CALLE" 23
1. EL MODELO DE ENTRENAMIENTO MÁS PRIMITIVO, MÁS IMPORTANTE Y OLVIDADO... EL JUEGO EN LA CALLE 25
   1.1. Análisis actual. 26
   1.2. El juego en la calle como generador de contextos de aprendizajes... 28
        1.2.1 El entusiasmo como potenciador del aprendizaje 29
        1.2.2 El juego no estructurado o libre 30
        1.2.3. El error y la repetición en el aprendizaje 32
        1.2.4. El juego como elemento social 34

BLOQUE II. DESCUBRIENDO EL MODELO BASADO EN COMPETENCIAS.37
2. ANÁLISIS DEL JUEGO Y SU RELACIÓN CON LOS PARADIGMAS Y MODELOS DE ENTRENAMIENTO EN EL FÚTBOL 39
   2.1. Aspectos teóricos 40
   2.2. Análisis del juego... 49
   2.3. Perspectiva del entrenamiento desde la complejidad del juego y la acción del jugador 52
3. ¿QUÉ ES SER COMPETENTE EN EL FÚTBOL? EN BÚSQUEDA DE JUGADORES COMPETITIVOS 57
   3.1. Del talento al experto... 57
   3.2. Aspectos generales del modelo 58
   3.3. Las competencias en el fútbol... 61

BLOQUE III. EL PROCESO DE ENSEÑANZA-APRENDIZAJE **77**

4. LA CONSTRUCCIÓN DE UN MODELO 79

   4.1. El inicio del camino 79

   4.2. Los elementos que componen el proceso de
       enseñanza-aprendizaje en el fútbol formativo 80

       4.2.1. El contexto de aprendizaje 80

       4.2.2. El entrenador en el proceso de enseñanza-aprendizaje..... 84

       4.2.3. El proceso de enseñanza-aprendizaje 86

       4.2.4. Programación del proceso de enseñanza-aprendizaje 92

       4.2.5. Planificación del proceso de enseñanza-aprendizaje 114

       4.2.6. Tareas de entrenamiento, estrategias didácticas,
            progresiones didácticas y recursos metodológicos 138

       4.2.7. Evaluar por competencias en el fútbol formativo 155

            4.2.7.1. Empezar a trabajar desde la evaluación. Agrupar
                  por niveles, seguimiento individual y registro de
                  evidencias de aprendizaje 163

BIBLIOGRAFÍA **169**

PRESENTACIÓN

PRÓLOGO

Esta obra nos permite reflexionar sobre la importancia del correcto desarrollo pedagógico-metodológico de las diferentes etapas de formación en el fútbol, aunque probablemente su aplicación sea extensible a otras modalidades. Resulta imposible, como nos relata el autor a lo largo del documento, separar al deportista de la persona en sí. Dicho esto, es lógico pensar en la importancia de la transmisión de valores y conceptos de toda índole, no solo los meramente deportivos, sino todos aquellos que faciliten el desarrollo del individuo como persona. Fruto de numerosos años de trabajo, experiencia y reflexión (la experiencia sin reflexión no enriquece), Alberto nos ofrece este magnífico documento en el que se aprecia la enorme dedicación, cariño y conocimientos sobre esta materia, y no podía ser de otra forma, puesto que todos los que tenemos la suerte de conocer al autor, sabemos de su capacidad de análisis y búsqueda por la perfección, dejando siempre lugar a la autocrítica. Todo es relativo, como diría él mismo. La adquisición (uso) de competencias y su secuenciación a lo largo de los diferentes periodos formativos (y en el fútbol profesional) aproxima de una forma más concreta y específica los diferentes objetivos que se deben marcar para cada grupo, del mismo modo que puede ser adaptado a las necesidades de cada equipo, dependiendo de la edad y/o nivel deportivo. Enhorabuena Amigo.

Nacho Martínez
Preparador físico profesional de fútbol
FC Petrolul (1ª división de Rumanía y campeón copa
de Rumanía
Guangzhou r&f (1ªdivisón de China)
UTA Arad (2ª división de Rumanía)

Me puedo etiquetar como conocedor de esta propuesta metodológica, gracias a las temporadas compartidas con Alberto Martín. Podríamos definir esta metodología como ideal para los amantes del balón, ya que se caracteriza por una alta importancia a inculcar y enseñar las herramientas necesaria para la conservación del balón, el dominio del espacio, donde el jugador sea capaz de ganar tiempo y espacio en todas sus acciones, para ser más eficaz y eficiente en su toma de
decisión. Donde el crear y resolver situaciones de superioridad sin alterar el posicionamiento se aprende de forma implícita. Respecto Alberto Martín decir que es de esos profesionales que hacen mejor a todos los que trabajan a su alrededor. Orgulloso de seguir compartiendo habitualmente charlas que se convierten en máster con él.

Daniel Muñoz Reina
Analista profesional del Real Betis Balompié
(1ªDivisión España)

 Después de utilizar esta metodología durante 2 años, puedo decir que es la mejor herramienta para el proceso de aprendizaje de los futbolistas, porque no se basa en sistemas, modelos o ideas de juego sino que habla de Competencias futbolísticas en todas sus dimensiones y donde el jugador es el centro del proceso. Una suerte haber coincidido con Alberto y haberla podido utilizar.

Pere Tarradellas
Entrenador del Juvenil B del RCD Mallorca
Ex jugador de fútbol profesional durante 16 temporadas.

Una persona preparada, capacitada y sobre todo ambición por seguir aprendiendo y mejorar constantemente. Detallista y controlador de lo controlable. En este libro nos deja una parte de su forma de entender el entrenamiento y la metodología. En definitiva, un gran profesional que contagia a su grupo de trabajo para exigirse a buscar mejoras constantes en este mundo tan exigente. Crecía a su lado en Barcelona y lo sigo haciendo desde la distancia.

Marc Domínguez
Entrenador 2ªDivisión B
Director Deportivo del Écija Balompié
Entrenador en Fútbol Base Girona FC y Levante UD

Hace un par de años tuve el placer de coincidir con Alberto. Por aquel entonces, no tenía ni idea que cambiaría mi forma de entender este deporte tan complejo y contextual. Con su modelo de aprendizaje por competencias, el futbolista entrena y es evaluado en función a situaciones que se pueden encontrar en competición, dotándoles de las habilidades resolutivas en las diferentes situaciones de juego. Con esta metodología de trabajo nos alejamos de los típicos tópicos que existen actualmente tanto en el fútbol formativo como en el profesional.

Adrián Benítez
Coordinador de la Preparación física y
Preparador físico Juvenil A Córdoba CF

Hace unos años tuve la suerte de poder trabajar con Alberto, no solo me enseñó su metodología si no que entre los dos pudimos adaptarla para el departamento de porteros. Gracias a esta metodología hemos ampliado las capacidades y competencias del portero que van mucho más allá de acciones simples defensivas. Es una herramienta de lo más útil en procesos de formación de porteros ya que aporta al portero los conceptos y procedimiento para llegar a un punto de rendimiento óptimo.

Pau Núñez
Entrenador de Porteros RCD Mallorca "B"
Ex Portero profesional de fútbol

Cuando trabajé junto a Alberto Martin y su propuesta metodológica durante los años que estuvimos trabajando en el mismo proyecto deportivo en el cual llevaba años de experiencia trabajando, consiguió un toque más que profesional en el proceso de aprendizaje para los jugadores, de todos los niveles .No solo intervenía en los aspectos deportivos básicos, si no que llegaba a lo más profundo del juego, así mismo dejando espacio para la creatividad y evolución de los entrenadores que la llevaran a cabo, como en la mejora continua de los jugadores. Generando un orden de prioridades en el seguimiento evaluación. Ha sido para mi un placer trabajar dentro de su método de trabajo y poder contribuir a la propuesta metodológica.

Sebastián Galles
Entrenador profesional de fútbol
Universidad de Chile (1º División de Chile)

Alberto es un investigador incansable de la metodología de la enseñanza en general y el fútbol en particular. Tras dos años de trabajo en Barcelona, dónde implantó su método de trabajo, hizo que todos y cada uno de los compañeros creciera a nivel exponencial y vieran el fútbol desde otra perspectiva, gracias a una de sus mejores preguntas ¿En qué te basas? Sin duda alguna, este libro manifiesta su esencia como profesional y seguro que generará inquietudes en aquellos en los que estén dispuestos a abrir su mente y conocer nuevas líneas de trabajo.

Moisés Falces
Preparador físico profesional de fútbol
Academia Profesional y 3ªDivisión

La metodología de trabajo que me enseñó Alberto durante el tiempo que compartimos juntos fue notablemente buena para mi, porque aprendí por primera ves a trabajar de manera ordenada. Pienso que gracias a esa forma de planificar, diseñar y estructurar el entrenamiento tan sencilla y eficaz que nos introdujo hizo que todos pudiésemos crecer y obtener los grandes resultados que hubo ese año a nivel deportivo. Una persona muy talentosa.

Matías Irace
Entrenador profesional de fútbol
Ex jugador profesional de fútbol.
Rosario Central Argentina

INTRODUCCIÓN (PARTE I)

A través del deporte (desde siempre practiqué fútbol y judo) me enseñaron valores como el respeto, la humildad, el compañerismo, la disciplina, el compromiso, el sacrificio, me enseñaron a saber perder y a saber ganar, a madurar y crecer como persona, cuestiones que tengo que agradecer especialmente a mi padre, el cual siempre me transmitió su pasión por el deporte, intentando que disfrutara del mismo sacrificando su tiempo y de la mejor manera que sabía.

Hay personas que desde que nacen, parecen que van unido a alguna pasión y que posteriormente si tienen suerte quizás se convierta en su profesión. En los dichos populares lo definirían como aquello que "se lleva en la sangre", los estudiosos más tradicionales le llaman a este hecho genética, y los paradigmas más ecológicos lo definirían como "consecuencia de contextos y condiciones ambientales". Actualmente me considero una de esas personas, en mi caso particular, relacionado con el juego del fútbol. ¿Juego? Sí, porque como diría Guardiola (2012) "al final lo que hacemos es jugar" (tanto como si eres entrenador como si eres jugador), el fútbol es un juego".

Mi experiencia en el mundo del fútbol empieza desde muy pequeño, con la tremenda suerte de poder jugar horas y horas a este juego con mis amigos y mis primos. Tanto era así que quizás se ha convertido en una obsesión. Como se dice en Andalucía, soy de esos niños que "a sus padres les ha costado más de un disgusto" debido al fútbol. He jugado en la calle, en el patio del colegio, en la playa, en los pasillos de mi casa. Aún recuerdo con mucho cariño la cantidad de partidos en forma de 1x1, 2x2, 3x3, 4x4, las "alemanas", los "puerta a puerta", las "rebú" y las "eliminatorias" que han rellenado mi repertorio futbolístico.

Siendo jugador mi carrera es demasiado corta, desde que empecé con 8 años en el equipo de mi colegio HH. Maristas de Huelva hasta que con 22 años "cuelgo las botas". Durante mi trayectoria de jugador he tenido la suerte de conocer y convivir con grandísimos jugadores de fútbol, algunos de ellos hoy en día en la élite profesional de este deporte, muchos de ellos en categorías amateurs. Y es que tener la posibilidad de haber estado desde los 14 años hasta los 21 en las categorías inferiores de clubes como el Real Madrid C.F y el Real

Betis Balompié, además de haber estado durante 3 años seleccionado entre los mejores talentos de tu país, en la selección española, dan para conocer a muchos jugadores cuya máxima ilusión es ser futbolistas de élite.

Gracias a mis padres, con mención especial a mi madre, he tenido la cualidad de ser el deportista que estudiaba y debido a eso hoy en día soy Licenciado en Ciencias de la actividad física y del deporte por la Universidad Pablo de Olavide de Sevilla. Mis últimos pasos como futbolista los di en un club de categoría regional de Nantes (Francia) mientras cursaba allí mi 4º año de carrera tras una beca Erasmus.

Desde que dejé de jugar al fútbol siempre he ido reflexionando sobre todas las experiencias que he vivido, ¿por qué algunos jugadores se mantienen tantos años en la élite?, ¿qué características y capacidades debe tener un jugador de élite para rendir a lo largo de toda su trayectoria deportiva independientemente del club donde esté? ¿por qué algunos jugadores llegan al fútbol profesional? ¿por qué otros no llegan? ¿por qué hay niños que con 10 años tienen unas capacidades futbolísticas extraordinarias y con 14 parece como si nunca hubieran jugado al fútbol? ¿cómo se puede pasar de ser un jugador de enorme proyección un año a ser un jugador sin esta proyección? Podría llevarme rellenando todo el contenido de este libro escribiendo todas las preguntas que se me han pasado por mi cabeza a lo largo de estos años. Algunas parecen tener respuestas, otras no tanto…

En el momento en el que me introduzco de lleno en la vida académica mi preocupación por encontrar respuestas a las preguntas anteriormente descritas se incrementa. Es quizás, el punto donde empiezo a descubrir inconscientemente a que quiero dedicarme, empezando un camino con pocas señales, luces, pero con el espíritu que nos transmite Antonio Machado con su reconocido poema: "¡caminante no hay camino, se hace camino al andar!".

El trabajo plasmado en este libro se ha llevado a cabo a través de muchas horas de estudio, investigación y reflexión, y he intentado aplicarlo profesionalmente allí donde he estado. Tengo que afirmar que este trabajo ha ido en constante evolución, considerándolo actualmente un proceso inacabado.

INTRODUCCIÓN (PARTE II)

Me gustaría empezar la introducción de este trabajo reflexionando sobre la evolución del conocimiento sobre el deporte en las últimas décadas. Tal ha sido su evolución que la motricidad humana y los juegos deportivos de la antigüedad han pasado a entenderse como ciencia. Este hecho, bastante simbólico desde el prisma académico, ha propiciado que haya una gran cantidad de profesionales del deporte que vuelquen sus capacidades intelectuales en estudiar e investigar las diferentes áreas del deporte. Los paradigmas iniciales de la ciencia del deporte, guiaban a los estudiosos y analizaban al mismo a través de una filosofía y metodología similar a otras ciencias más antiguas, creando determinadas formas de pensamientos y patrones culturales en el ámbito deportivo guiados por la causalidad y el determinismo. Posteriormente la ciencia e investigación más contemporánea ha ido "alisando" el terreno hacia un nuevo paradigma, propiciando un cambio de mentalidad y de cultura en el entrenamiento y la motricidad del ser humano. Este paradigma de la complejidad, observa y analiza la estructura del ser humano desde una vertiente ecológica, apoyado y fundamentado por corrientes de teorías y estudios (teoría de Gestalt, teoría de los sistemas complejos etc.) que entienden al deportista como una red de estructuras que se organizan mediante la interacción constante entre sus subsistemas y entre estos y el entorno, llegando a ofrecer patrones estructurales no lineales.

Actualmente la ciencia del deporte se encuentra en un punto de inflexión donde las diferentes corrientes de pensamiento se entrelazan para intentar solucionar los dilemas del rendimiento y la formación del deportista. Aunque parece que hoy en día la necesidad de pertenecer a lo que se supone más adecuado, de desvirtuar la práctica por ser esclavo de la teoría y de engrandecer los éxitos de los técnicos deportivos a los que se ansía emular está por encima de cualquier valor o juicio, no debemos olvidar que el verdadero reto del entrenador deportivo no consiste en el simple de hecho de adquirir el lenguaje teórico, sino en descubrir las capacidades para establecer, organizar las ideas y el conocimiento para posteriormente llevarlo a la acción profesional, intentando obtener a través de la práctica información relevante que ayude a tomar las mejores decisiones para el beneficio del deportista, convirtiendo al entrenador deportivo en benefactor y no esclavizándose hacia su propio interés, olvidando que el verdadero protagonista es el que lleva a cabo la práctica motriz y entendiendo esta no como una mera actividad, sino como un medio que transmite valores, educa y desarrolla capacidades a partir del interés o intereses de los deportistas, independientemente si tratamos el deporte desde una visión formativa o competitiva de alto rendimiento, aspecto que suele costar diferenciar cuando el ego personal se encarga de hacer juicios de valor.

Utilizando las diferentes corrientes de pensamiento, analizando a través de su experiencia e intentando acercarse con mayor profundidad a los objetivos profesionales de su contexto, cada entrenador deportivo debe armar su propio camino. En las siguientes páginas solo se muestra un humilde ejemplo de ello.

ANTES DE EMPEZAR...

- Considero necesario y fundamental la constante renovación de ideas y la visión del deporte desde una perspectiva global y progresista.

- No creo que en el fútbol esté todo inventado porque esto sería ir en contra de la propia naturaleza del juego y del ser humano, enormemente impulsada por la curiosidad y la imaginación.

- Creo que el deportista siempre puede evolucionar y aprender, independientemente de la edad y etapa en la que esté.

POR LO TANTO...

- Mi principal objetivo es proporcionar un documento práctico que fomente la reflexión, la creación de ideas propias y que pueda servir de ayuda para todos aquellos que crean en la evolución del fútbol.

- En este libro expongo mis ideas, experiencias y conocimientos adquiridos a través de la reflexión y la investigación sobre mi forma de entender el juego y el proceso metodológico del mismo.

- En este libro no pretendo proponer ninguna formula, ni método, ni receta, todo lo que aquí pueda parecer cierto en el futuro puede quedar obsoleto.

- No he creado ningún modelo, he utilizado los conceptos de un modelo para estructurar, organizar las ideas y proponer en la práctica diferentes métodos de trabajo y aspectos relacionados con el desarrollo del juego y del talento en fútbol.

- Considero que lo más importante en un modelo o método es la forma en que nos hace pensar y no tanto en el hacer que tiene en relación directa con la práctica.

BLOQUE I

DONDE TODO EMPIEZA...
"LA CALLE"

*El fútbol empieza en la calle,
ahí aprendes que no estás solo en el mundo
y que hay otros que quieren lo mismo que tú
que te pueden ayudar, si tú los ayudas.
(Zinedine Zidane, 2010)*

1. EL MODELO DE ENTRENAMIENTO MÁS PRIMITIVO, MÁS IMPORTANTE Y OLVIDADO... EL JUEGO EN LA CALLE

Yo entrenaba 3-4 horas a la semana con el Ajax cuando era pequeño, pero jugaba 3-4 horas cada día en la calle. Entonces, ¿dónde piensas que aprendí a jugar al fútbol?
(Johan Cruyff)

Si consideráramos y analizáramos la cantidad de horas que juega un niño a fútbol hoy en día con respecto hace 20 años posiblemente haya fluctuado de manera considerable. Igualmente observaríamos lo mismo si investigáramos a fondo la calidad de las mismas.

En la actualidad, podemos observar como hay muchos deportes y deportistas que entrenan multitud de horas diarias para mejorar sus habilidades y rendimiento. El fútbol, quizás sea una de las excepciones, un deporte al cual le han llovido críticas en este aspecto, "un deporte donde se entrena poco y se cobra mucho", haciendo una similitud con el esfuerzo y la recompensa. Sería interesante recordar que mucho de los futbolistas empezaron a acumular muchas horas de práctica desde edades muy tempranas y de manera muy diferente, no basada en entrenamientos organizados y estructurados, sino en un medio muy enriquecedor como es el de la práctica del juego por placer, por diversión, donde nadie ni nada te impone límites, la verdadera práctica que permite el descubrimiento. Por desgracia esto en una sociedad donde el esfuerzo solo se entiende en una sola dirección, es difícil de entender. Igualmente es difícil de entender que haya épocas en la vida de una persona, sobre todo en edades tempranas, donde la interactuación con una serie de contextos y de estímulos va a provocar el desarrollo de ciertas habilidades que serán la base para llegar a alcanzar ciertas habilidades, destrezas y hábitos comportamentales a largo plazo. Este concepto colisiona con la necesidad del logro, de ser aceptado y del éxito precoz que está predominando en nuestros días, donde la sociedad se ha vuelto hasta cierto punto irritable, haciéndonos creer que con siete u ocho años eres una joven promesa o de lo contrario estás al borde de la retirada.

Es por esto, que la frase del holandés Johan Cruyff debería de ser considerada para cualquier proceso de formación del jugador de fútbol. Desde mi punto de vista no se nace con talento, quizás en el ADN haya unas características propensas hacia la práctica deportiva, pero lo que considero importante es que el talento se desarrolla, y este desarrollo empieza desde los primeros estímulos que un niño recibe. Siendo un poco románticos podríamos decir que el talento nace con la pasión y se desarrolla con la interacción.

1.1. Análisis actual

"De niño jugaba descalzo en la calle,
hoy no me voy a quejar del pasto en mal estado.
Si hay campo y un balón lo hay todo"
(Neymar da Silva Santos Júnior)

El fútbol ha sido un deporte que siempre se ha practicado en la calle (plazas y plazoletas, descampados, callejuelas etc.) en forma de juego, entreteniendo a multitud de niños, niñas y jóvenes durante horas. Ha sido, quizás, el juego de muchos y como bien indica en nuestra cita que abre el capítulo un maestro de este deporte, Zinedine Zidane, uno de los contextos donde se han desarrollado y aún en algunos países (desafortunadamente cada vez quedan menos) se desarrollan muchos valores que humanizan a la sociedad.

Se puede decir que "ha sido" porque esta tradición lúdica y deportiva se está perdiendo en nuestros tiempos. Esto es motivo de tres aspectos fundamentales como son: el proceso de urbanización que experimentan las ciudades, trayendo como consecuencia escasos espacios para practicar en la calle cualquier juego y actividad; el desarrollo tecnológico del siglo XXI, en el cual se han creado gran cantidad y variedad de juegos electrónicos (videojuegos, ordenadores y ahora últimamente Tablet, teléfonos móviles y computadoras táctiles), que ha conllevado a un aumento preocupante del sedentarismo de niños y jóvenes. Y como último aspecto, destacamos el aumento de desconfianza en la sociedad, que hace que los padres no dejen salir a los niños de casa. A todo esto hay que añadirle que las políticas y medidas sociales para fomentar las actividades lúdicas de manera libre y sin estar sujetas a ningún tipo de organización están coartando el desarrollo del juego en la calle, llegando a tal punto que en ciertos puntos de España está sancionado económicamente.

Un análisis de la Universidad de Valencia pone en evidencia las costumbres y la tendencia actual de las actividades que desarrollan los niños y niñas en España, confirmando el planteamiento inicial de este tema.

> SOCIEDAD | Según un estudio de la Universidad de Valencia
> ## Los niños cada vez juegan menos, solos, y utilizan la consola para entretenerse
> - Las actividades extraescolares les restan bastante tiempo en su día a día
> - 'La individualidad de la vida' es otra de las causas que afectan a su juego

IMAGEN. Publicación periódico el mundo en su publicación del 15/03/2012.

Quizás esto tendría menor impacto negativo si las instituciones del deporte y los diferentes clubes, federaciones y otros entes que conforman el mundo del deporte y en este caso del fútbol (entrenadores del fútbol base, padres, representantes, directivos etc.) ayudaran a defender a través de la conciencia moral y el análisis educativo la promoción del juego liberado como medio de formación y desarrollo de las personas. Por desgracia el panorama suele ser opuesto, ya que muchos contextos intentan fomentar el deporte base como rendimiento, llevando a sus principales participantes a "reservarse" siempre para la competición organizada.

Estos problemas han afectado de forma negativa a la temática que se expone en este tema, remarcando que esto acarrea consecuencias negativas, tanto al desarrollo de este deporte, como a la formación integral de niños y jóvenes, ya que el juego o las actividades lúdicas son uno de las "herramientas" fundamentales con la que cuenta el ser humano para la educación social y el aprendizaje personal.

Tal vez, este inicio se salga un poco del guion establecido, pero como profesional del deporte y la educación motriz me es moralmente obligatorio establecer un pequeño análisis e intentar lanzar a través del mismo un momento de reflexión sobre la temática en cuestión, aspecto fundamental en una sociedad en la que cada vez el cronómetro del tiempo y de la vida "corre" con mayor rapidez, resultando una tarea ardua detenerlo para analizar ciertos aspectos.

IMAGEN. Futbol En La Calle
https://es.pinterest.com/pin/132434045262415611/

1.2. El juego en la calle como generador de contextos de aprendizajes

> *"En América todavía hay muchos barrios donde se juega al fútbol en la calle y aprendes de todo. Es juego libre, no hay árbitros ni reglas. Si te dan una patada no pasa nada y juegas como tú quieres. Aprendes muchas cosas. No te importa si te dan o no y aprendes que no hay que arrugarse. Yo era el más chiquitito y siempre me sacudían mucho"*
> (Sergio "Kun" Agüero)

Toda situación o entorno genera un contexto que puede provocar el desarrollo de las capacidades, puede ser un estimulador neutro e incluso puede provocar aprendizajes no deseados o "negativos", entendiendo este último como inhibidores del desarrollo del talento. El sueño de cualquier entrenador sería idear un sistema de entrenamiento donde la estimulación del jugador sea la mayor posible, es más, que cada jugador de la plantilla obtenga ese nivel de estimulación que permita desarrollar su potencial. Muchos profesionales del fútbol le dedican su vida profesional a investigar, desarrollar, modificar, mejorar y evaluar métodos de entrenamientos para conseguir el principal objetivo: mejorar el rendimiento del deportista en competición.

Quizás, el contexto que permita una mayor "expresión" del talento o habilidades futbolística del jugador es el juego en la calle. Aquel que no se juega en estadios repletos de personas, sino en "césped" de cemento, asfalto o pavimento, con balones de poca calidad. Y posiblemente nos preguntamos, ¿es este el mejor contexto? O mejor dicho, ¿son estos elementos facilitadores de un contexto rico en aprendizaje? Pues es probable que estos aspectos mencionados anteriormente (buenos terrenos de juego, balones oficiales etc.) no sean de máxima prioridad.

1.2.1 El entusiasmo como potenciador del aprendizaje

El entusiasmo o aquello que nos provoca exaltación del ánimo por algo que nos cautiva o seduce es un elemento crucial para potenciar el aprendizaje. Como nos indica Gerald Hüther, (en Stern, A. 2009), "el niño pequeño vive como entre 20 y 50 momentos de gran entusiasmo al día. En cada uno de ellos se activan los centros neuronales emocionales. Las células neuronales que se encuentran en dichos centros poseen largas proyecciones que llegan a todas las demás áreas del cerebro. En los extremos finales de estas proyecciones se segrega un coctel de sustancias mensajeras. Estos neurotransmisores provocan que la asociación de células con las que conectan, produzca determinadas proteínas, que son necesarias para el crecimiento de nuevas proyecciones, la creación de nuevos contactos neuronales y el establecimiento y refuerzo de nuevas conexiones, que serán activadas durante la solución de problemas o para la superación de nuevos retos. Este es el motivo por el cual aprendemos más rápido aquello que realizamos con entusiasmo. Cada pequeña tormenta de entusiasmo produce, por llamarlo de alguna manera, un autodoping cerebral. De este modo, se producen una serie de sustancias que son necesarias para el proceso de crecimiento y reconstrucción de las redes neuronales. Es así de sencillo: el cerebro se desarrolla de la forma y para aquello que se emplea con entusiasmo".

Es evidente, sin negar que el sufrimiento pueda producir aprendizaje, que todo aquello que nos entusiasma o nos produce placer impulsa el aprendizaje.

IMAGEN. Niños jugando al fútbol en el barrio.

Siguiendo de nuevo a Gerald Hüther, (en Stern, A. 2009), el niño vive multitud de estados movidos por la ilusión y el entusiasmo que permite que muchos de sus momentos de juego (inducidos por este tipo de emociones) generen extraordinarios contextos de aprendizaje. Como indica Tamarit (2007) "es muy posible que el placer que produce el juego en la calle, puede ser una de las causas más importantes de su práctica".

1.2.2. El juego no estructurado o libre

Aquel que decide jugar en la calle al fútbol lo suele hace de manera liberada y voluntaria, evadiendo así la imposición de la práctica organizada y estructurada de los entrenamientos rutinarios. El niño decide cuando, donde y a qué jugar, sin necesidad de depender de una serie de ejercicios que pueden ser o no de su agrado en determinado momento, sin tener que depender de una organización y estructura deliberada.

Como indican Côté y Hay (2002) "el juego libre, caracterizado por la diversión, por no estar controlado por ningún entrenador, en el que no existen correcciones, y donde el niño se centra en el proceso, obteniendo un placer inmediato". Por lo tanto, el feedback que se produce con mayor frecuencia es el intrínseco. Hay diferentes autores que nos indican que el feedback intrínseco es el que mejor induce el aprendizaje de una habilidad.

Además, el juego libre promueve la autonomía del niño, ya que este no se acostumbra a tener un entrenador o persona que le proporciona feedback externo con cierta frecuencia. Como indica Vickers (1999 cit. por Tamarit. 2007) se debe reducir y retrasar el feedback para que los jugadores resuelvan el problema de forma autónoma cuando sus desempeños se sitúen en un espectro de acciones que el entrenador entiende como aceptables".

El jugar contiene una respuesta emocional inclinada hacia la motivación, la cual se convierte en otro factor para el desarrollo y el aprendizaje. La motivación está ligada al juego y por lo tanto este se convierte en un elemento fundamental en el desarrollo del niño. Es más, el juego es la actividad más importante para mantener a los niños motivados y para ayudarlos a aprender habilidades básicas del deporte. Por lo tanto, la práctica no impuesta provocará mayor motivación que una práctica estructurada. El juego en la calle es motivador por si mismo, no solo por su naturaleza lúdica sino porque en el mismo se promueve variabilidad y modificaciones constantes de reglas, las cuales suelen ser creadas por los propios practicantes, lo que conlleva al fomento de la creatividad como siguiente elemento clave.

En una sociedad donde los sistemas educativos son claramente estructurados y desarrollados con prácticas muy rutinarias y poco lúdicas suelen coartar la iniciativa individual, la originalidad, la creatividad y la exploración. En el fútbol, los entrenamientos y algunos sistemas de enseñanza-aprendizaje no se diferencian de los sistemas educativos tradicionales, ya que muchos de estos procesos están basados en tareas alejadas del juego y con poco grado de libertad del jugador. Como indica Frade (2005 cit. por Tamarit, 2007) "el aprendizaje es más rico cuanto el tipo de intervención de la enseñanza fuese menos congelante, menos castradora".

En juego en la calle permite la expresión y la libertad absoluta de aquel que desea realizar cuantas acciones quiera y en las estructuras y organizaciones que son provocadas por las diferentes normas y reglas de variables juegos. Ese desorden que permite un bagaje técnico amplio con la consiguiente mejora de los recursos técnico-tácticos, en diferentes situaciones y muy alejados de aquellos sistemas monótonos de repetición más comunes de los entrenamientos de equipos profesionales y de los jugadores de alto nivel. La aleatoriedad del juego también provoca la adaptación constante de los mecanismos cognitivos y desarrollar habilidades intuitivas que permitan sacar ventaja de ciertas situaciones de juego.

1.2.3. El error y la repetición en el aprendizaje

Como anteriormente mencionábamos, la práctica libre está basada en el entusiasmo y la motivación como elementos emocionales claves. Esto permite un sinfín de horas de práctica, tantas como estos mecanismos cerebrales permitan mantenerse activos.

Por lo tanto, la cantidad de juego se convierte en un elemento importante para un mayor aprendizaje. Aquel que consigue altos niveles de pericia, es muy probable que no dependa en su gran parte por la genética o talento "natural", sino de innumerables horas de práctica. Como indica el famoso y célebre científico Albert Einstein "el genio se hace con un 1% de talento y un 99% de trabajo".

A través de este elemento temporal se puede sugerir que cuanto antes se empiece a practicar mayores cantidades de horas podrán invertirse en el proceso de formación. Es de aquí que muchos pueden intuir que la cantidad es de definitiva importancia, pero hay que advertir que la cantidad sin calidad no sirve de mucho para el aprendizaje. Por lo tanto, hay que tener en cuenta que los elementos que nos proporciona el juego libre son claramente relacionados como factores de calidad.

Es evidente que la cantidad de práctica que se acumula a través del fútbol en la calle es en comparación a la práctica en los clubes de fútbol y escuelas, muchas de ellas hacen énfasis en métodos alejados de las posibilidades motrices y habilidades específicas que se desarrollan en el juego en la calle.

Como paradoja a lo anteriormente argumentado, hay deportistas que no habiéndose iniciado precozmente en la práctica específica de un deporte (bien de manera libre relacionada con el fútbol en la calle o bien relacionada con una práctica estructurada en las escuelas y clubes de fútbol) alcanzan niveles de maestría o pericia de alto rendimiento y se convierten en verdades referencias en sus deportes. En estos deportistas si que es verdad que se repiten diferentes factores comunes en su formación deportiva basados en una variedad de deportes practicados durante su iniciación deportiva y una vez alcanzada cierta madurez (alrededor de los 13-14 años) una especialización deportiva basada en numerosas horas de entrenamiento. Es por lo tanto que el bagaje motriz que adquieren en sus inicios les permite tener un desarrollo motor amplio y de suficiente calidad para posteriormente poder perfeccionar cualquier deporte. Este ejemplo se muestra en los diferentes baloncestistas de la antigua Yugoslavia referenciados en el libro Sueños robados de Juanan Hinojos.

Otra característica fundamental favorable al aprendizaje es el error. Y no el error entendido como la ausencia del mismo, sino el error de manera repetida que nos permite perfeccionar patrones cognitivos y musculares. Según Fonseca (2006) "el hombre aprende corrigiendo sus errores, no habiendo nada de errado en errar. Errando es pensar que la certeza existe, que la verdad es absoluta y que el conocimiento es permanente".

Los niños hoy en día viven en una sociedad presionada por el fracaso y el miedo al error, e incluso la competición en edades tempranas se orientan a conseguir un rendimiento precoz, lo que provoca que el niño cometa el menor número de fallos posible asumiendo situaciones que domine a la perfección y evitando nuevos comportamientos y acciones que le permitan seguir aprendiendo, coartando así las posibilidades de desarrollo y reservándose la competición para aquellos que resuelven acciones de manera individual y eficaz en el momento basados en un mayor número de recursos técnicos o en una mayor condición física, sin tener en cuenta el conocimiento del juego y el aprendizaje del mismo.

Como indica Wein (2004): hay que "crear un ambiente más tolerante al error, como sucedía en el fútbol de la calle".

1.2.4. El juego como elemento social

El juego y más concretamente el juego del fútbol te obliga a relacionarte, a buscar diferentes estrategias para alcanzar un fin grupal. Este tipo de elementos socio-afectivos y comunicativos son muy comunes en la práctica libre del juego. En este tipo de contextos los jugadores están "obligados" a conocerse los unos a los otros, a generar diferentes sinergias y a desarrollar valores de convivencia y de bien común.

Quizás uno de los elementos más importantes en el desarrollo de las habilidades sociales es la capacidad para comunicarse. El conocer las normas del juego y aprender a comunicarlas a los diferentes integrantes del mismo, la necesidad de expresarse verbalmente durante una situación del juego para resolver un problema que plantee el mismo o incluso un conflicto externo al juego son "situaciones o contextos" que permiten el desarrollo socio-afectivo del niño.

ESQUEMA. Factores que influyen en un contexto de aprendizaje.

Las habilidades sociales es una de las destrezas más olvidadas en las escuelas o clubes de fútbol, y esta no solo nos sirven para mejorar en la práctica futbolística, sino que son habilidades fundamentales para la vida y el desarrollo personal y profesional del ser humano. La perdida del juego en la calle o del juego en sí y la devaluación de los valores humanos en la sociedad están repercutiendo negativamente en los elementos más importantes del futuro, los niños.

Los niños deberían desarrollar su estado mental-emocional y social (confianza en sí mismo, en sus posibilidades corporales, aprender a comunicarse, a expresarse verbal, corporal y gestualmente, a integrarse y cooperar en pequeños grupos, conocer y cuidar su entorno) mediante la utilización de juegos populares (Wein, 2004).

BLOQUE II

DESCUBRIENDO EL MODELO BASADO EN COMPETENCIAS

2. ANÁLISIS SOBRE LOS PARADIGMAS Y MODELOS DE ENTRENAMIENTO

*"El aprendizaje es experiencia,
todo lo demás es información"*
(Albert Einstein)

A lo largo de la historia los modelos teóricos han inducido diferentes cambios en los paradigmas de pensamiento y viceversa. Estas corrientes filosóficas han provocado modificaciones en la forma de "hacer" en las diversas ramas del "saber", entiéndase estas como todas aquellas materias de conocimiento. Tanto es así, que esto no ha pasado desapercibido en la ciencia del deporte, la motricidad y el entrenamiento. La profundidad intelectual de este torrente debe entenderse desde un punto de vista ilustrativo, donde el conocimiento se transforme y ajuste, a la misma vez nos haga reflexionar sobre todo aquello que se adquiere y aprende, siendo junto con la práctica y la experiencia la que nos indique el camino de nuestro propio proceso de aprendizaje, evitando caer en la modulación de pensamientos, en la reproducción de teorías y en la verborrea fácil y farragosa. Voltaire decía que "la incertidumbre es una posición incómoda pero la certeza es una posición absurda", como tan desatinado es caer en la creencia inverosímil de la verdad absoluta o que lo cuantioso determina el éxito.

Como se mencionaba en la introducción, este libro no pretende ser una receta, ni establecer un modelo único e inamovible, más bien pretende adentrar al lector en el proceso, para que este mismo pueda reflexionar sobre su conocimiento, experiencia y entienda el origen del análisis. Es por esto, que no quisiera adentrarme en el proceso de entrenamiento y por del fútbol sin anteriormente haberme adentrado en un análisis del aprendizaje, como elemento fundamental del comportamiento del jugador de fútbol.

2.1 Aspectos teóricos

*"Cada vez que enseñes, enseña también
a dudar de aquello que enseñas"*
(José Ortega y Gasset)

No es fácil definir el aprendizaje formalmente, porque existen muchas perspectivas diferentes y cada una de ellas enfatiza una faceta distinta de este complejo proceso. Lo que posiblemente si podemos establecer, es que el aprendizaje es un proceso de cambio relativamente permanente en el comportamiento o la conducta de una persona generado por diferentes factores.

Aunque creamos que el aprendizaje es una capacidad exclusivamente humana, esto no es así, la especie humana comparte esta facultad con otros seres vivos. Por lo tanto, podemos decir que el aprendizaje es una facultad natural de los seres vivos que ha permitido durante toda la historia el desarrollo y la adaptación constante a los ambientes y contextos exigidos por la propia naturaleza.

Una vez evidenciado que el aprendizaje es una facultad propia de todo ser viviente, queda por definir que es el aprendizaje en el ser humano.

Durante años ha habido numerosos investigadores que han estudiado y analizado las conductas humanas, como el ser humano es capaz de modificar, adquirir y manifestar cambios conductuales y de comportamiento. A partir de aquí, los investigadores empiezan a desarrollar diferentes teorías que promuevan y expresen los diferentes mecanismos del aprendizaje en el hombre para conseguir definirla. Es por esto, que según que teoría podemos desarrollar una definición de aprendizaje u otra.

Durante el siglo XX, dos corrientes del pensamiento han tenido influencia decisiva sobre la Psicología del Aprendizaje. Dichas revoluciones estarían dadas por el Conductismo y la Psicología Cognitiva. Como indica Kuhn (1962) estos movimientos científicos constituirían dos revoluciones paradigmáticas, seguidas de su correspondiente periodo de ciencia normal. Dichas revoluciones estarían dadas por el Conductismo y la Psicología Cognitiva. Volviendo a referenciar a Kuhn (1962), una revolución científica promueve el abandono de un paradigma y la introducción de otro nuevo. Esta revolución promueve el cambio de una teoría por otra y su total incompatibilidad entre ambas.

Aspectos generales sobre las teorías conductistas

Sus dos exponentes más destacados son Pávlov y su teoría del condicionamiento clásico y Skinner, padre de la teoría del condicionamiento operante.

Uno de los objetivos principales que persigue el conductismo es hacer de la psicología una ciencia natural, por lo tanto, tiene que tener elementos objetivos que le permitan observar y medir las diferentes conductas. Es a partir de aquí cuando se establece que su unidad de análisis se basa en que la presencia de un estimulo provoca una respuesta en el comportamiento.

Las teorías del condicionamiento clásico explican como los estímulos simultáneos llegan a evocar respuestas semejantes, aunque tal respuesta fuera evocada en principio sólo por uno de ellos.

Posteriormente Skinner amplió esta teoría proponiendo que los refuerzos forman y mantienen un comportamiento determinado. Estos reforzadores son moduladores de la conducta, de tal forma, que operan según si la respuesta o conducta es la deseada o no. Para modular las respuestas Skinner (1994) utilizó el refuerzo negativo y positivo y el castigo, llegándose a conseguir moldear la conducta humana a través del premio-castigo. Un ejemplo podría ser el siguiente, si apruebas serás mejor, por lo tanto, si suspende te castigo. Si tomas este alimento estarás más sano. Si tienes mucho dinero, serás más feliz. Si el balón llega al lateral derecho tiene que jugar con el delantero. Estímulos que provocan respuestas y comportamientos cerrados.

Estas teorías promueven análisis reduccionistas, los cuales intentan explicar procesos globales partiendo de procesos simples. Posteriormente otros investigadores se dieron cuenta de que el conductismo no podía explicar otros muchos aspectos del comportamiento humano y como consecuencia tampoco podía explicar muchos aspectos relacionados con deportes de carácter abierto como el fútbol.

¿Qué influencia tiene el conductismo en el proceso de entrenamiento?

El conductismo dicta que el aprendizaje se refleja en conductas observables, por ello el diseño de instrucción debe licitar conductas observables, de otra forma el docente no pude verificar que el estudiante ha aprendido.

Promueve la repetición y los procesos memorísticos como las mejores herramientas para el aprendizaje. Estas herramientas se utilizan en contextos y tareas cerradas, que tienen poca variabilidad y riqueza perceptiva, a su vez estas tareas se descomponen en acciones simples.

En este paradigma el jugador o alumno se vuelve dócil y pasivo, ya que se ve envuelto en un proceso mecanicista, donde el proceso y el entrenador es más importante que el alumno y este necesita estar constantemente reforzado por el feedback inmediato del entrenador.

Como indicamos anteriormente este paradigma no satisfacía a todos los investigadores y profesional del deporte debido a que no era capaz de dar respuesta a las diferentes anomalías que se producían en la teoría, principalmente en los deportes de naturaleza abierta, no lineales y que tienen constantemente incertidumbre, por este motivo, aparece el cognitivismo, el cual se interesa por el desarrollo mental del individuo enfocándose en que exista la comprensión en vez de la memorización, matiz fundamental en el desarrollo del deportista.

Dentro de estos modelos se encierran estrategias de entrenamiento y aprendizaje analíticas y reduccionistas, que tratan el proceso de entrenamiento desde el individuo sin tener en cuenta que este pertenece a una red de interacciones constante con el espacio/tiempo, el adversario y los demás agentes formales del juego. Modelos de planificación y enseñanza representativos de este tipo paradigma son los modelos técnicos (llamados también de tecnificación) y los métodos de planificación clásica de Matveev y algunos más modernos como la planificación en bloque de Verkhoshansky, o el ATR de Issurin y Kaverin, tan extendido en el fútbol.

Aspectos generales sobre el cognitivismo

El nuevo paradigma traslada el protagonismo hacia el sujeto, que es considerado poseedor de estructuras mentales que le permiten adueñarse del conocimiento.

Se empiezan a manifestar teorías como la de Teoría de la Gestalt, la cual defiende que percibimos totalidades, las partes pierden valor en el contexto. La esencia de las situaciones implica procesos no conscientes, por lo tanto, rechaza el control consciente o total de conductismo. Otras teorías cognitivistas son las del procesamiento de la información promovidas por Robert Gagné que defiende que el aprendizaje ocurre cuando la información del ambiente es procesada y almacenada en la memoria y puede ser recuperada y la teoría del aprendizaje significativo de David Ausubel que indica que el aprendizaje Debe reunir las siguientes características: que el material no sea arbitrario, que posea significado lógico, que estén organizados, y la predisposición del alumno por aprender.

Este paradigma promueve la resolución de problemas y el conocimiento y la adquisición de información para poder resolverlos de forma autónoma. A partir de aquí el alumno adquiere una autonomía en el aprendizaje y el error es necesario para que a través de la experiencia y la toma de decisiones se pueda producir aprendizaje y modificaciones en los patrones conductuales.

Aspectos relacionados con las corrientes ecológicas

Esta perspectiva de pensamiento contempla como aspecto fundamental en la conducta del ser humano el contexto donde se desenvuelve, siendo los entes que lo componen los elementos fundamentales que influyen en el aprendizaje. Estudian las relaciones contexto-individuo y las respuestas de los mismos como medio para interpretar las relaciones entre el comportamiento y el entorno. Como aspecto importante a resaltar y que tiene gran influencia en los deportes de incertidumbre, esta corriente de influencia propone que es importante conocer las demandas del entorno y los modos de adaptación de las mismas a dichos contextos.

¿Qué influencia tiene el cognitivismo en el proceso de entrenamiento?

El docente parte de las experiencias o ideas previas del alumno para que puedan aprender, y es el alumno el que mantiene un papel activo al momento de procesar la información, la cual le permitirá resolver problemas.

Este paradigma permite la generación de estrategias para fomentar el pensamiento crítico y la creatividad a través de las tareas o diseño de actividades.

Se promueven tareas abiertas donde el alumno o jugador tenga que resolver situaciones y problemas que planteen dichas tareas. Los objetivos están organizados alrededor de procesos cognitivos que permitan resolver situaciones a partir del conocimiento y la iniciativa del alumno.

Y finalmente como último paradigma aparece el constructivismo. El primer investigador relacionado con esta corriente fue Lev Vigotsky donde promueve que el conocimiento se construye con la interacción con el medio social. El aprendizaje es entendido como un proceso de construcción dependiente del contexto, por lo tanto el aprendizaje debe ser construido en contextos relevantes. Posteriormente investigadores como Piaget y Jean indican que el sujeto y la realidad son inseparables, porque el punto de partida es la interacción entre ambos: la acción transformadora del sujeto sobre el mundo. Piaget además sostiene que las personas no nacen provistas de nociones y categorías innatas, sino que éstas se van elaborando durante el transcurso del desarrollo.

Este paradigma se basa en la construcción de estructuras cognitivas cada más complejas y en la importancia en descubrir el método para adquirir el conocimiento más que en la enseñanza en sí.

Desde este momento aparecen modelos de entrenamiento y planificación que le dan importancia a la estructura cognitiva. En primer lugar, aparece el microciclo estructurado de Seirul.lo, el cual empieza a entender y a proponer un modelo de planificación entendiendo el fútbol desde su lógica interna y por lo tanto desde su naturaleza. Posteriormente se añade en esta línea y evolucionando la misma la periodización táctica, que tiene como máximo representante al portugués Victor Frade, el cual empieza a estudiar con mayor interés las estructuras cognitivas y su relación con el entrenamiento específico del fútbol.

A partir de aquí se establecen diferentes vertientes, unas hacia la formación del futbolista, intentando analizar y estudiar propuestas didácticas y metodologías que se acerquen a un mejor aprendizaje del juego desde edades iniciales y elaborando procesos constructivistas, los cuales sostienen que el aprendizaje es esencialmente activo. Una persona que aprende algo nuevo, lo incorpora a sus experiencias previas y a sus propias estructuras mentales. Cada nueva información es asimilada y depositada en una red de conocimientos y experiencias que existen previamente en el sujeto, como resultado podemos decir que el aprendizaje no es ni pasivo ni objetivo, por el contrario, es un proceso subjetivo que cada persona va modificando constantemente a la luz de sus experiencias.

En este modelo el conocimiento se construye a partir de las experiencias integradas con la Información que se recibe, por lo que se puede considerar una actividad en la cual existe una interacción social y de manera cooperativa. El alumno auto gestiona su aprendizaje. El docente promueve el autoaprendizaje en el alumno desarrollando actividades que después se puedan transmitir y que se adapten a las necesidades del mundo real. Esto conlleva a que el alumno sea el constructor de su propio conocimiento. Como autores que considero de especial importancia por su trayectoria e investigación en modelos de formación están Garganta y Pinto (1997), Luis Fradua (2001), Sans y Frattarola (1998) o Hors Wein (2000).

¿Qué influencia tiene las corrientes ecológicas en el proceso de entrenamiento?

Son diferentes los autores que hacen referencia al uso e influencia del pensamiento ecológico en el deporte y más concretamente en el comportamiento motor y el proceso de entrenamiento (Carnus y Maniar, 2003; Gallese y Lakoff, 2005; Torrents, 2005; Napolitano et al, 2013 y Raiola y Tafuri, 2015). Estos autores entienden el comportamiento humano desde el paradigma no lineal, donde no solo hay un dinamismo entre las estructuras del deportista, sino que estas están totalmente influenciadas por el entorno donde actúan. Por lo tanto, el deporte empieza a ser estudiado desde sus necesidades y requerimientos y el comportamiento motriz y cognitivo actúan como agentes en constante interactuación y adaptación con el entorno, dándole mayor relevancia a la interacción individuo-ambiente, primando el escenario donde se desarrolla el mismo y como va adaptando sus capacidades a los requerimientos que éste demanda.

El modelo basado en competencias

Creciendo desde la rama del cognitivismo aparece una nueva vertiente para acercarse a los paradigmas de la complejidad que estudian los deportistas desde una perspectiva más global y holística. Autores como Sebastiani, Blázquez, Riera o Balaguer (2012) apuestan por desarrollar modelos que se acerquen a las necesidades de los deportistas, partiendo de la siguiente pregunta: ¿qué es formar un buen deportista?

Para ello se sumergen en el desarrollo de un modelo basado en competencias, en el cual parten del análisis de las estructura y naturaleza del deporte y las exigencias actuales de los deportistas, con el fin de desarrollar deportistas competentes como matiz importante para ser competitivo. Para aproximar este "modelo" a los requerimientos que demanda el fútbol, debemos tener en cuenta las teorías cognitivas y ecológico-contextuales del comportamiento humano.

Como indica Comellas (2000), el deportista debe dominar varios "saberes" implícitos en las competencias como son:

- Saber
- Saber hacer
- Saber ser/estar
- Poder hacer

Intentando arrojar un poco de luz en este concepto, "ser competitivo", el cual parece hoy en día un poco difuso entre los diferentes practicantes y técnicos deportivos, quiero resaltar que la competitividad es fundamental para el éxito, y que para ser competitivo en el alto rendimiento deportivo tenemos que alejarnos de la concepción tradicional de que este término es equivalente a ser "agresivo" o tener intensidad o incluso a obtener un rendimiento concreto en un momento determinado de la vida deportiva. Por lo tanto, si queremos jugadores competentes en el fútbol profesional o formar para ser competentes en la élite tendremos que replantear ciertos criterios. Este concepto no puede ser confundido con la fabricación de jugadores, o con la implantación de una idea estereotipada y alejada de un proyecto de vida, sino en la elaboración de un plan que permita al jugador desarrollarse y adquirir las capacidades suficientes para configurar sus propios niveles de competencia, siendo como máximo exponente del mismo su "poder hacer", su capacidad de movilizar sus condiciones para poder obtener el máximo rendimiento posible según las necesidades, inquietudes y requerimientos, no solo de la competición, sino de todos los aspectos que rodea a su vida deportiva, educando y formando no exclusivamente en el deporte para adquirir ciertos niveles de pericia, sino adquiriendo competencias para desenvolverse en la vida profesional, social y personal. Esta perspectiva es la que nos acerca a la concepción completa de un buen deportista, entendiendo que la aportación de sus conocimientos, habilidades y actitudes al juego son tan útiles como las que transmite en su vida, en sus intereses, expectativas y por lo tanto, en su proyecto de vida.

Basándome en este último modelo, mi objetivo es intentar adaptarlo a las necesidades y requerimientos del fútbol, intentándome aproximar lo máximo posible a lo que pueda ser un jugador competente, sin entrar más allá del aspecto puramente deportivo o como posteriormente se refleja, en las competencias específicas.

Paradigma tradicional		Paradigma complejo	
Condicionamiento clásico	Teorías reduccionistas	Teorías cognitivas	Modelos de procesamiento de la información
Modelos conductistas	Estímulo-respuesta	Teorías ecológicas	Modelos constructivistas
Modelos de planificación basados en la estructura condicional		Microciclo estructurado	
Modelos de planificación clásicos	ATR	Periodización táctica	
Planificación por Bloques		Estructuración del trabajo a partir de la lógica interna del juego	
El deportista entendido como un ser mecanicista		El deportista como ente activo y fundamental en el proceso de entrenamiento	
Estrategias metodológicas analíticas	Descontextualizado	Estrategias metodológicas globales	Contextualizado
Modelos de formación técnicos o basados en la técnica		Modelos de formación para el desarrollo de las capacidades cognitivas	
Excesiva importancia a la ejecución y el patrón motriz.		Motricidad desde la perspectiva ecológica y dinámica	
Entrenamiento desde una tendencia a la descontextualización		Modelos de formación para el desarrollo de las competencias	

IMAGEN. *Gráfica De Los Modelos*

2.2. El análisis del juego

A nivel práctico, en los últimos tiempos, se ha intentado adaptar el proceso de entrenamiento a las "posibilidades del jugador", intentando utilizar estrategias que intenten optimizar su proceso formativo. Este hecho es un acierto desde el punto de vista pedagógico, pero siempre y cuando no se olvide que la naturaleza del fútbol como juego y los requerimientos de la competición no entienden de estas adaptaciones y a veces caer en la comodidad de "simplificar" el juego nos puede llevar a entender mal el proceso de entrenamiento. Para poder adentrarnos en mayor profundidad en la perspectiva del modelo basado en competencias considero que es importante hacer un recorrido sobre la naturaleza del juego, aspecto que muchas veces carece de importancia, pero que sin duda entrama la base más importante sobre la que construir cualquier proceso de entrenamiento y de formación.

A partir del juego, y del conocimiento del mismo, se deben de construir los modelos ó métodos de entrenamiento. Entender su lógica interna nos informa de su estructura y su funcionalidad, además de indicarnos la naturaleza y bases de los aspectos motrices y cognitivos.

Podemos definir que el juego del fútbol contiene en su naturaleza praxiológica o lógica interna tres pilares que configuran sus principios. Estos tres elementos son:

- Características motrices
- Elementos formales
- Elementos estructurales

Empezando por la naturaleza del juego podemos definir el fútbol como un juego de cooperación, el cual le da un carácter colectivo, de oposición, donde los adversarios tienen la peculiaridad de poder invadir el espacio del rival de manera continua, ya que el espacio de juego es compartido. Además, tiene la característica de ser un juego donde predominantemente el pie sirve para desplazar el balón por el terreno de juego. Por lo tanto, es un deporte donde se produce interacciones con adversarios y compañeros para la consecución espacios de juego que permitan conseguir un fin.

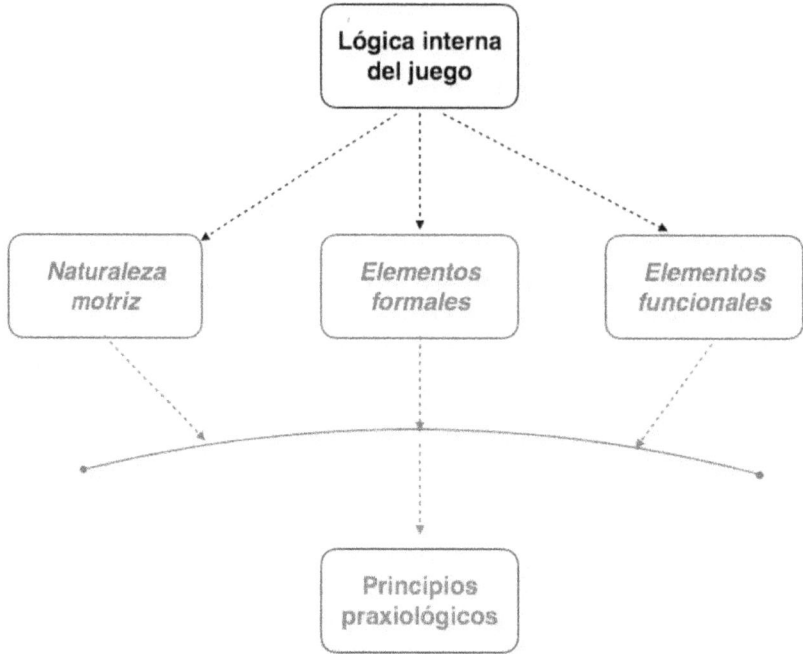

ESQUEMA. Análisis Del Juego desde su lógico interna.

En cuanto a los elementos formales, son aquellos que le otorgan una configuración o forma particular. En esta parte podemos encontrar elementos como la superficie de juego, el móvil (el balón), las metas (porterías), los jueces y las reglas del juego. Todos estos elementos peculiarizan a este deporte, distinguiéndolos de otro de similares características.

Conjugando estos dos elementos (naturaleza motriz y elementos formales) podemos empezar a vislumbrar y descubrir su dinámica interna. Antes de adentrarnos en este punto, es interesante destacar los diferentes elementos funcionales que lo determinan. Como todo juego tienen elementos que organizan su funcionamiento, entre ellos se encontraría el objetivo principal del juego (conseguir gol), objetivos secuenciales, ciclo del juego, principios básicos del juego, medios técnico-tácticos, roles de los jugadores etc.

A partir de estos elementos podemos definir los principios praxiológicos del juego, entendido estos como "aquellas leyes o reglas originarias de la lógica interna del juego que intentan definir y configurar la complejidad de su dinámica". Estos principios son:

- **Principio de especificidad:** define las características propias del juego en sí, sus elementos formales y características motrices. En el momento que se rompen y eliminan dichos elementos el fútbol se empieza a alejar de su máxima especificidad.

- **Principio de inestabilidad:** el fútbol es un juego que está en constante estado de inestabilidad debido al incesante cambio en sus fases y momentos del juego, lo que determina un cambio continuo en los roles de los jugadores. La inestabilidad nos indica que el jugador necesita adaptarse al juego desde el dominio de las diferentes fases y mostrar las actitudes necesarias para conseguir que esas adaptaciones se prolonguen en el tiempo.

- **Principio de incertidumbre:** debido a la presencia e invasión de adversarios se produce una variación constante de las condiciones y las situaciones espacio/temporales, generando situaciones de imprevisibilidad en cada momento del juego. Esta variación y alteración espacio-temporal está determinada por la velocidad o el ritmo a la que se manifiesten las mismas. Este principio denota necesidad de adaptación motriz, cognitiva y fisiológica a cada una de las situaciones que se presentan en el juego.

- **Principio de interacción:** el juego está definido por la comunicación e interacción constante entre los jugadores de un mismo equipo según el poseedor del móvil. Lo que conlleva una constante relación entre los diferentes subsistemas, jugadores y rivales. Además, hay que añadir que la interacción de jugadores y las capacidades de los mismos conlleva la aparición de cualidades emergentes.

Estos principios dotan de una complejidad al juego que solo puede ser abordado desde una perspectiva de entrenamiento que se adapte didácticamente a los requerimientos del mismo.

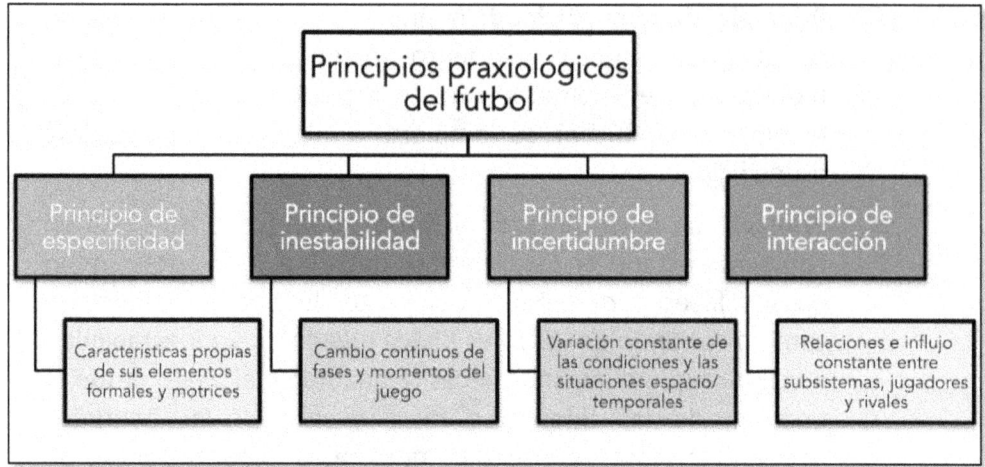

IMAGEN. Principios praxiológicos del fútbol

2.3. Perspectiva del entrenamiento desde la complejidad del juego y la acción del jugador.

> *"El todo es diferente a la suma de las partes"*
> (Wolfgang Köhler)

El fútbol como juego se expone en contextos y situaciones de alta complejidad, ya que son múltiples los elementos que lo conforman (compañeros, rivales, metas, móvil, reglas y normas del juego etc.) y los cuales están en constante dinámica produciéndose situaciones diferentes, aleatorias y con un gran nivel de incertidumbre.

Como indica la Psicología de la Gestalt o psicología de las formas, el ser humano percibe totalidades, donde según el contexto las partes pierden sus cualidades.

Por ejemplo, la cremallera de un abrigo perderá su sentido y sus características si lo retiramos de su contexto, es decir si lo separamos del abrigo.

Por lo tanto, un objeto o figura es parte de un fondo o contexto, lo que hace que todo lo que percibimos sea mayor que la figura en sí, creándose la ley fundamental de esta teoría: "El todo es mayor que la suma de sus partes".

Esta teoría nos ayuda a plantear estrategias metodológicas durante el proceso de entrenamiento y la aplicación de tareas, donde en métodos tradicionales, se tiende a separar no solo las estructuras que conforman el rendimiento, sino también la lógica interna del juego (compañeros, rivales, reglas y normas, superficie de juego, ciclo y fases del juego etc.), obteniendo contextos de aprendizajes en los cuales se aíslan constantemente los elementos configuradores del juego y obteniendo como resultado una pobre visión de la realidad y del contexto existente en la competición. Volviendo al ejemplo anteriormente expuesto, sería como enseñar las partes de las que está compuesta un abrigo, su uso y su composición y mostrarle al alumno constantemente imágenes de cremalleras o de partes del abrigo sin mostrarle la realidad del mismo. La imagen que el cerebro percibirá del abrigo será totalmente errónea a la realidad, mostrando que la suma de las partes no es igual a la totalidad o globalidad de la misma.

Si constantemente modificamos y simplificamos el juego hasta reducirlos en partes, el cual la mayoría de las ocasiones no reflejan ningún aspecto de la realidad, el jugador nunca entenderá la totalidad del juego ni las situaciones y relaciones que se producen en él.

Se le estimulará constantemente con estímulos que no encajan con la configuración real del juego y el jugador durante el proceso de entrenamiento recibirá pocos estímulos específicos, prácticamente revocados a los "partidillos" de final de entrenamiento y a la competición.

La tendencia de aprendizaje del jugador debe orientarse a visualizar que elementos debe de identificar, hacia donde debe dirigir su foco de atención, con la finalidad de obtener la suficiente información para poder decidir por si mismo la mejor solución. La capacidad de poder identificar los estímulos más relevantes es una tarea que requiere mucho tiempo y un tipo de práctica que demande este tipo de cualidades. Como nos indica el escritor francés Jules de Goncourt, "el más largo aprendizaje de todas las artes es aprender a ver."

IMAGEN. Procedimientos I.

Para desarrollar los procedimientos es indispensable entender la acción del jugador como un mecanismo indivisible entre el proceso cognitivo y motriz. Toda acción motriz es predecesora de una intencionalidad propulsada por los sistemas sensitivos-sensoriales y de procesamiento de la información.

La actividad cerebral es el principal regulador de la actividad motriz durante el juego. Una vez la información es transmitida al mismo, a través de las diferentes conexiones neuronales, este interpreta la información y la procesa según la información que haya podido percibir, el conocimiento que tenga del juego y las experiencias vividas. A la misma vez las emociones juegan un papel fundamental en el ¿cómo actúo?, matiz esencial para dar soporte a todo el proceso y que este tenga un valor en el tiempo. Este factor emocional se identifica con las diferentes actitudes que el jugador puede llevar a cabo durante el desarrollo del juego, elemento que muchas veces obviamos los entrenadores en el proceso de entrenamiento, y que tal como indica Churchill se puede convertir en un factor diferencial, teniendo en cuenta que *"la actitud es una pequeña cosa que marca una gran diferencia"*.

Sin este proceso el mecanismo motriz queda anulado a tan solo una mera repetición mecánica del juego.

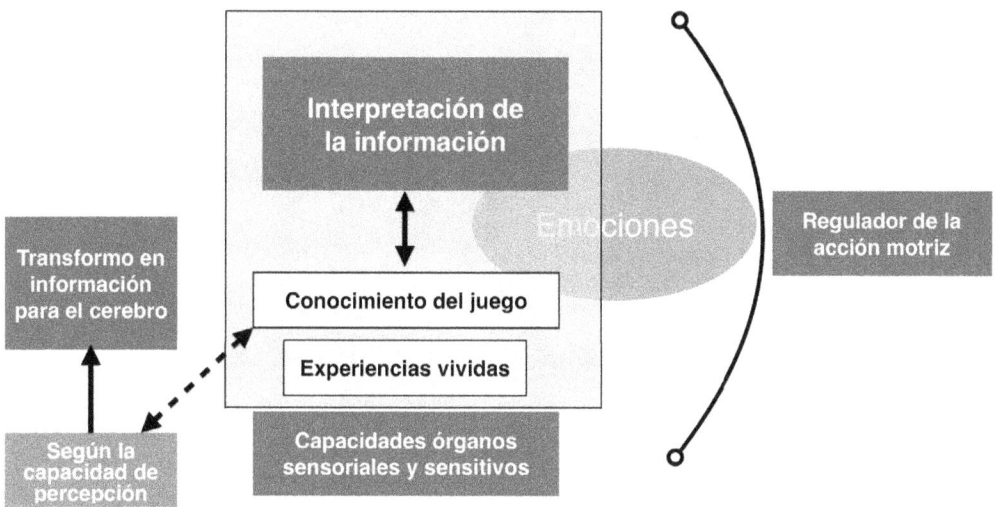

IMAGEN. Procedimientos II.

Podemos considerar que el enfoque del entrenamiento debe de tener una importante orientación a la adaptabilidad de las diferentes capacidades cognitivas y motrices a las diferentes situaciones espacio/temporales y estrategias que plantee el rival, tendiendo a conseguir que las neuronas cerebrales sean sensibles a los constantes cambios y a la variabilidad del juego. Acercándose así, a la capacidad constante de resolución de situaciones de juego, teniendo en cuenta siempre sus posibilidades personales y tratando de movilizar todos sus recursos para conseguir optimizar su rendimiento. Este enfoque de la acción motriz solo puede ser abordado desde un plano diferentes, desde una perspectiva de entrenamiento que se acerque a las características del juego, su dinámica y a las necesidades de acción del jugador.

Por lo tanto, la formación de un buen deportista no debe ir orientada tan solo a adquirir y desarrollar capacidades motrices, cognitivas y fisiológicas, sino que estas deben ir reforzadas a través de la adquisición de unas actitudes que deben convertirse en pieza esencial dentro de este esquema. La formación del carácter y la personalidad del deportista va íntimamente ligada a las acciones técnico-tácticas del juego, formando una dualidad inseparable y que al final termina marcando la diferencia.

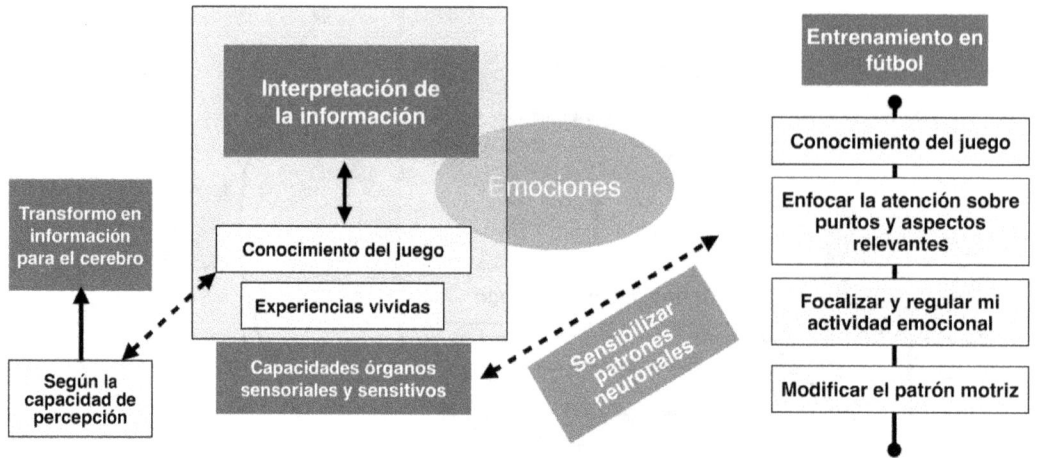
IMAGEN. Procedimientos III.

3. ¿QUÉ ES SER COMPETENTE EN EL FÚTBOL? EN BÚSQUEDA DE JUGADORES COMPETITIVOS

3.1. Del talento al experto

"El talento nace de la pasión y se desarrolla con la interacción".

Existe varias palabras que definen al buen jugador de fútbol, una de las más utilizadas es talento, originaria del griego "tálanton", curiosamente utilizada para definir el platillo de la balanza con la que pesaban los minerales y metales preciosos.

Etimológicamente la palabra talento ha ido evolucionado y siempre ha ido relacionado con los dotes naturales o la inteligencia (Soca, 2004 y Cerquiglini, 2008). En el origen anglosajón de la palabra podemos observar una evolución de la misma hacia "superdotado" (Gowan,1978 y García Manso, 2006)

Pero ¿es el talento proveniente de la naturaleza o hace falta desarrollarlo?, ¿qué tipo de talentos buscamos en el fútbol?, ¿existe un único talento? En los primeros estadíos sobre la investigación del talento deportivo siempre se le ha otorgado una gran importancia a la capacidad genética para justificar rendimientos futuros en el deporte. Posteriormente y como indica Gagné (2000) las capacidades deben ser siempre desarrolladas y potenciadas, sin olvidar la herencia genética. Otros autores (Nadori 1993; en Lorenzo, 2007; Ruiz y Sánchez, 1997) hablan de talento en juegos colectivo como aquellos jugadores que tienen capacidad para improvisar y resolver problemas en situaciones de incertidumbre.

En los últimos años, y como Lorenzo (2007) nos indica. este concepto de talento ha sido sustituido actualmente en la literatura por el de "sujeto experto". Quizás este concepto marca un carácter diferenciador a lo que buscamos con respecto al talento. Para ello Ruiz, LM. y Sánchez, F. (1997) definen este concepto de experto designando que "denota tiempo, trabajo y correcta tutoría y supervisión técnica aunándolo con la voluntad del atleta por querer llegar a lo más alto y el conocimiento necesario para lograrlo, lo que conduce a la pericia". Por lo tanto, como indican Lorenzo, A. (2007) y Salmela, J. (1996) el concepto de talento ha cambiado de visión, observando una clara diferenciación entre el concepto experto y el de talento. Y es que el talento está más relacionado con deportistas en edades o etapas de iniciación deportiva y el de experto con aquellos que han llevado a cabo un proceso de entrenamiento de muchos años y se encuentran en el alto nivel deportivo.

Por consiguiente, podemos encontrar niños que tenga talento, pero que necesitan entrenamiento para llegar a ser expertos. Pero quizás, sea interesante saber que capacidades debe tener un jugador para convertirse en experto y poder jugar a nivel profesional. O mejor dicho, que competencias debe optimizar un jugador para aproximarse a las necesidades de la élite y convertirse en un jugador competitivo en el fútbol profesional.

3.2. Aspectos generales del modelo

"Si buscas resultados distintos
no hagas siempre lo mismo"
(Albert Einstein).

Antes de empezar considero interesante definir la palabra que da sentido al concepto que se quiere exponer posteriormente. Según la RAE podemos entender por competencia como "pericia, aptitud o idoneidad para hacer algo o intervenir en un asunto determinado". Acercándonos a un termino más práctico y de carácter general, podemos definir competencia como el conjunto de capacidades relacionadas con el nivel de desempeño en una actividad o trabajo.

A lo largo de la corta historia del entrenamiento deportivo siempre se ha ido buscando al atleta más competente, a aquel que mayor resolución tiene en la faceta deportiva específica de su modalidad, por lo tanto no estamos ante algo nuevo, o que adquiera un matiz muy diferenciador a lo que se ha realizado o perseguido en las últimas décadas. Todo entrenador deportivo intenta que sus deportistas alcancen el mayor nivel de competitividad posible, intentando desarrollar sus capacidades. Los objetivos están más que abordados y clarificados desde hace bastantes décadas, queremos jugadores más fuertes, más rápidos, más inteligentes, más técnicos para ser mas competentes, ¿pero en qué?, ¿nos hace esto ser más competitivo en nuestro deporte? ¿para qué quiero un deportista que tiene muchos recursos motrices si después no es capaz de movilizarlos para sacarles rendimiento?, ¿no es esto una muestra de incompetencia?, o ¿para que quiero jugadores de fútbol con un alto conocimiento del juego si después no tienen la suficiente capacidad cognitiva y motriz para adaptarlos a diversas situaciones espacio/temporales?, ¿es competente este jugador a ciertos niveles de exigencia competitiva? Estas preguntas pueden hacernos reflexionar sobre las capacidades que se deben de tener para ser competitivo en un deporte, o mejor dicho, según en que nivel deportivo, porque el ser humano está formado por diferentes estructuras y sistemas que evolucionan madurativamente de forma diferente según cada individuo. Es por esto que podemos encontrar niños altamente competitivos en el deporte de base, pero que cuando llegan a categoría juvenil dejan de serlo.

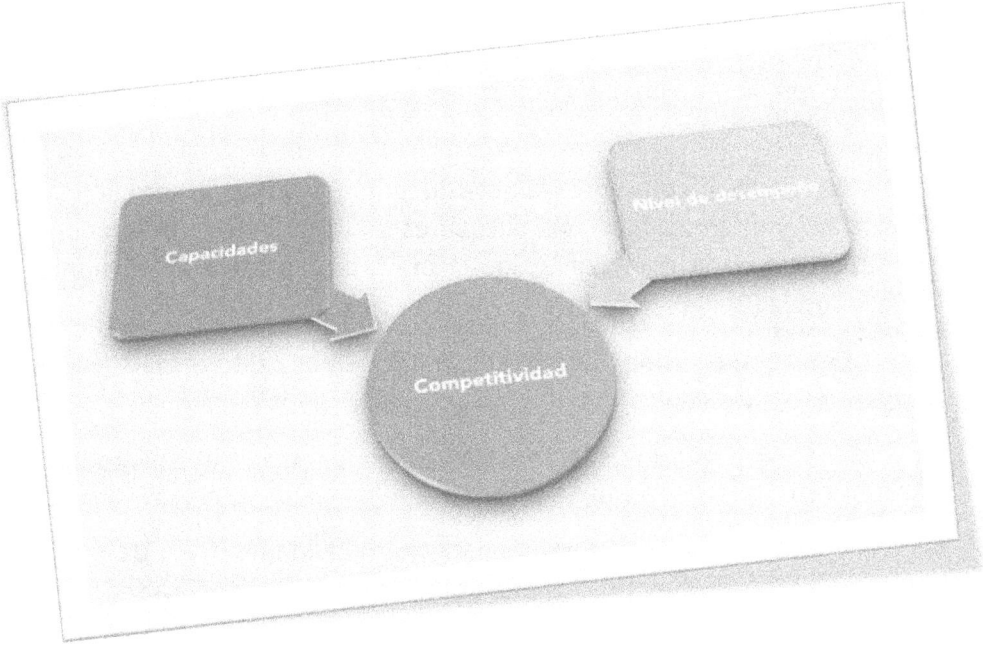

Por lo tanto, el razonamiento y la perspectiva filosófica va a ser el patrón principal que oriente y guíe el modelo o la estructura del mismo. Tanto el ser humano como el fútbol son dos elementos complejos peculiares, no solo por su alta complejidad, basado en la inestabilidad constante de sus elementos, sino por la importancia que tienen los contextos a los que se exponen constantemente. Este modelo solo tendrá cierto éxito si es capaz de abordar al jugador de fútbol desde una visión holística y una perspectiva que se aleje de corrientes de pensamiento reduccionistas.

Profundizando en las ciencias del deporte aplicadas a la enseñanza y el entrenamiento y siguiendo a Sebastiani (2012) el individuo competente recurre a sus capacidades de razonamiento, a sus conocimientos del deporte, a su experiencia, sabiéndolo aplicar a la resolución de situaciones complejas. Como aspecto importante refleja que el buen deportista no es un concepto puntual, sino es aquel que consigue serlo durante tiempo. Un enfoque basado en competencias, o mejor dicho una pedagogía para las competencias es un aprendizaje de la complejidad que tiene la intención de insertar los saberes en situaciones que reproduzcan la complejidad de las situaciones de la vida real del deportista (Reboul, 1980; Perrenoud, 1997; Le Boterf, 2000). Referenciando de nuevo a Sebastiani (2012) "la competencia consiste en la movilización eficaz de los recursos que dispone un deportista".

Este modelo contempla la necesidad de introducir la complejidad en los aprendizajes deportivos porque es la única manera de preparar al deportista en la complejidad de la práctica deportiva y del mundo que le rodea (Delignières, 2009).

Dentro de cada competencia podemos diferenciar varios "saberes", de los cuales son de gran aplicabilidad los siguientes:

- **Saber:** relacionado con los conocimientos, los conceptos y teorías que completa el deporte.
- **Saber hacer:** son aquellas habilidades y destrezas correspondiente a los procedimientos y estrategias a realizar.
- **Saber ser/estar:** relacionado con las actitudes, los valores y creencias.

- **Poder hacer:** son las posibilidades reales de rendimiento del deportista en relación a sus capacidades.

3.3. Las competencias en el fútbol

"Ser competente para ser competitivos"

Definir con certeza las competencias de un jugador de fútbol es una tarea ardua, quizás haya diferentes puntos de vista y diversidad de opiniones. Por eso creo fundamental empezar el camino, iniciarlo para poder seguir progresando.

Para llevar a cabo el desarrollo de las competencias en el fútbol he realizado el análisis desde dos enfoques:

a. El fútbol y su naturaleza praxiológica

b. Análisis de los comportamientos en el juego del jugador tradicional y el actual.

En el capítulo anterior ya se ha hecho referencia al análisis del fútbol como deporte, resaltando la inestabilidad e incertidumbre constante en la que está sumergida el juego, siendo necesaria una constante capacidad de adaptación al entorno. Por lo tanto, estos principios proporcionan una complejidad al juego que solo puede ser abordado desde una perspectiva de entrenamiento que se adapte didácticamente a los requerimientos del mismo. Por lo tanto, estos serán de gran interés para llevar a cabo el proceso de entrenamiento.

Continuando con el análisis creo importante reflexionar sobre ¿qué es ser en el siglo XXI un buen jugador de fútbol?. Es evidente que el fútbol desde que empezara a desarrollarse a finales del siglo XIX y principios del siglo XX hasta la actualidad ha ido evolucionando constantemente. Esto se puede apreciar observando y analizando los diferentes equipos y selecciones nacionales que han ido destacando y consiguiendo diferentes títulos y trofeos. Hay una evidente diferencia entre el Real Madrid de Alfredo Di Stefano y el conjunto nacional de Holanda del mundial de 1974.

Esta evolución ha hecho del fútbol un juego con mayores exigencias, ya que tanto el nivel de los jugadores como el nivel de entrenamiento ha ido evolucionando. Es muy común comparar jugadores y equipos de diferente épocas, intentando descifrar cual es el mejor o el más completo.

Es importante saber que cada época es diferente y marca un ante y un después que permite mejorar lo anterior y por ende ser mejorada. Con respecto al análisis de los jugadores, la evolución de los mismos es dependiente de los requerimientos que demanden las características del fútbol en ese momento. Es muy posible que esto marque las competencias que tiene que adquirir un jugador para poder jugar y rendir a cierto nivel, ya que el juegose manifiesta en dimensiones muy diferentes a las que se movía hace unos 15 o 20 años. En el siguiente cuadro se refleja algunas de las diferencias entre los comportamientos de un futbolista en el siglo XXI y otro en el fútbol tradicional.

El fútbol tradicional ...	El fútbol en la actualidad ...
• Mayor importancia a la capacidad individual de resolver situaciones de juego.	• Conocimiento táctico para interpretar y resolver situaciones de juego.
• Menor implicación de los jugadores en algunas fases y momentos del juego. Los defensas tienen muy limitada su participación en ataque y viceversa.	• Adaptación cognitiva y motriz a diferentes ritmos y situaciones espacio-temporales.
• Adaptaciones a ritmos y condiciones espacio-temporales menos complejas.	• Adaptación cognitiva y motriz a diferentes requerimientos estratégicos del juego.
• Participación menos constante en el juego debido a la menor evolución táctica del juego.	• Conexión cognitiva y emocional constante durante el desarrollo del juego.
• Rendimiento irregular y puntual.	• Regularidad en el rendimiento.
• Poca necesidad de saber y dominar idiomas (fútbol predominantemente de carácter nacional).	• Importancia de conocer idiomas como medio de adaptación a otros mercados futbolísticos.
	• Conocimiento y dominio de las habilidades comunicativas y redes sociales.
	• Dominio de habilidades metacognitivas que permitan mayor capacidad de aprendizaje, análisis y adaptación.

IMAGEN. Futbol actual vs fútbol tradicional.

Continuaré el desarrollo del capítulo mostrando una propuesta de competencias en el fútbol, sabiendo que la misma, puede ser siempre ampliada y mejorada desde otro punto de vista. Partiendo desde una visión única y exclusivamente sobre el juego, podemos decir que un jugador competente es "aquel que es capaz de movilizar y adaptar sus conocimientos y habilidades con el fin de conseguir resoluciones eficaces durante el juego, promoviendo a la misma vez actitudes que le permitan tener comportamientos que beneficien el rendimiento colectivo del equipo y mantener ese rendimiento estable en el tiempo". Esta propuesta nace del análisis del juego, de las necesidades y exigencias que representa hoy en día ser competitivo en el ámbito profesional del fútbol.

Antes de adentrarnos en profundidad en los aspectos más relacionados con el juego en sí, no debemos olvidar que en la actualidad ser competente en el fútbol va más allá de lo que pasa en la competición, se debe saber que estas exigencias están analizadas desde una visión integral del jugador, que permita no solo ser competitivo dentro del terreno de juego, sino también fuera del mismo.

Teniendo en cuenta que algunas competencias pueden coincidir y generalmente pueden ser útiles en otros deportes, he decidido clasificar las competencias en dos grandes bloques:

- **Competencias de carácter común o competencias comunes:** son aquellas que pueden tener aplicación a otros tipos de deportes, independientemente de la configuración y naturaleza del mismo, aunque posteriormente dentro de estas competencias haya matices para cada uno de los deportes según las peculiaridades de los mismos.

- **Competencias de carácter específico o competencias específicas:** son aquellas que tienen relación directa con el deporte en sí, en este caso el fútbol, con su lógica interna, aspectos formales, aspectos funcionales y sus características de rendimiento.

- Podemos observar en la imagen anterior que dentro de cada bloque hay diferentes tipos de competencias, las cuales le dan carácter propio a la denominación del bloque. En este trabajo no tengo la intención de explayarme más allá de las competencias de juego y de entrenamiento, que son aquellas específicas del fútbol, pero si creo necesario hacer una mención a las otras, con el fin de dar una dimensión más completa al modelo.

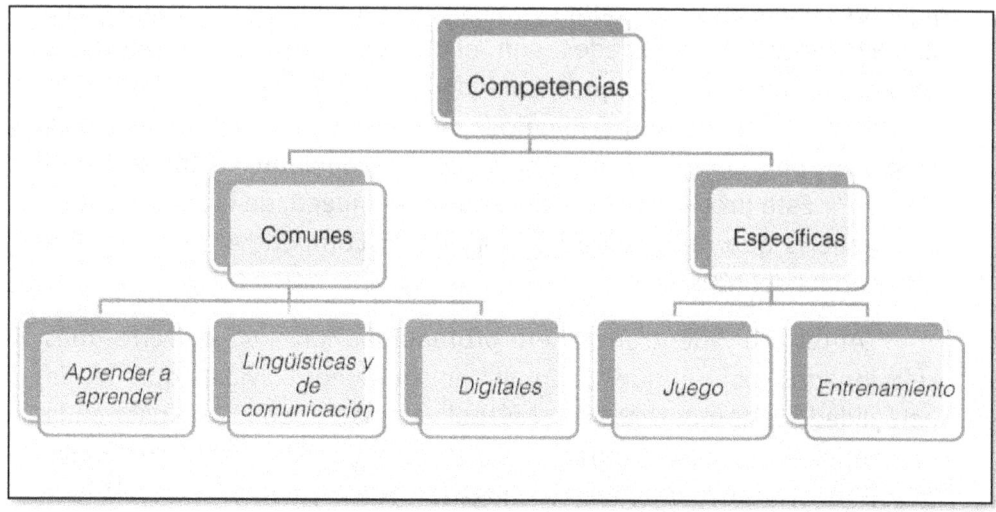

Imagen Clasificación de las competencias

Como se observa en la clasificación anterior, las siguientes competencias corresponde al bloque común:

- **Competencias de aprendizaje (aprender a aprender):** son aquellas relacionadas con las habilidades metacognitivas del jugador de fútbol correspondiente a la capacidad de análisis, de evaluación, crítica y reflexión. Es quizás una competencia que no está muy expuesta en la práctica en el ámbito educativo y deportivo, pero que puede marcar "terribles" diferencias entre un jugador y otro. Hablamos por lo tanto de aprender a aprender, de llevar a cabo habilidades relacionadas con la reflexión y el análisis, de la iniciativa y el espíritu crítico por encima de procesos memorísticos y de mera repetición, desarrollándose desde esta visión la autorregulación y por lo tanto, la optimización de los procesos de aprendizaje. Aspectos que no solo le van a servir para el desarrollo deportivo, sino también para su ámbito académico y profesional. Parafraseando al escritor estadounidense Eric Hoffer: "En tiempos de cambio, quienes estén abiertos al aprendizaje se adueñarán del futuro, mientras que aquellos que creen saberlo todo estarán bien equipados para un mundo que ya no existe."

- **Competencias lingüísticas y de comunicación:** podemos entender esta competencia como la capacidad de conocer y desarrollar habilidades de comunicación que permitan entenderse y expresarse en un idioma. El dominio de esta competencia en extraordinariamente importante no solo por la necesidad en el día a día de un jugador profesional de ser capaz de expresarse dentro del grupo sino también fuera del mismo, con los medios de comunicación. A esto hay que añadirle la importancia que tiene el dominar varios idiomas que permitan una mayor adaptabilidad a competiciones y ligas de diferentes países. Aunque el ejemplo no sea el más representativo porque es un entrenador, tal y como anuncia Ruiperez (2013) el diario La Vanguardia, Pep Guardiola estuvo hasta 4 horas al día aprendiendo alemán antes de ser fichado por el equipo bávaro del Bayern Múnich.
- **Competencias digitales:** son aquellas que implican el uso y dominio de manera segura y creativa las nuevas tecnologías, especialmente las que corresponden a las redes sociales, ya que estas proporcionan una imagen al resto del mundo del jugador.

Sería muy interesante poder ampliar las competencias, ya que en el deporte y más concretamente en el fútbol, por ejemplo, las capacidades sociales y de relación son muy importantes. Pero como anteriormente se menciona, no son aspectos que se vayan a abordar en este libro.

Para abordar el desarrollo de las competencias específicas, hay que plantearse tres elementos característicos y que forman un eje fundamental en el fútbol actual:

1. El juego
2. La competición
3. El entrenamiento

Si bien el juego y la competición van muy unidas de la mano, pero me gustaría referenciarlo como contexto importante, el cual posteriormente va a ser un pilar fundamental en la evaluación.

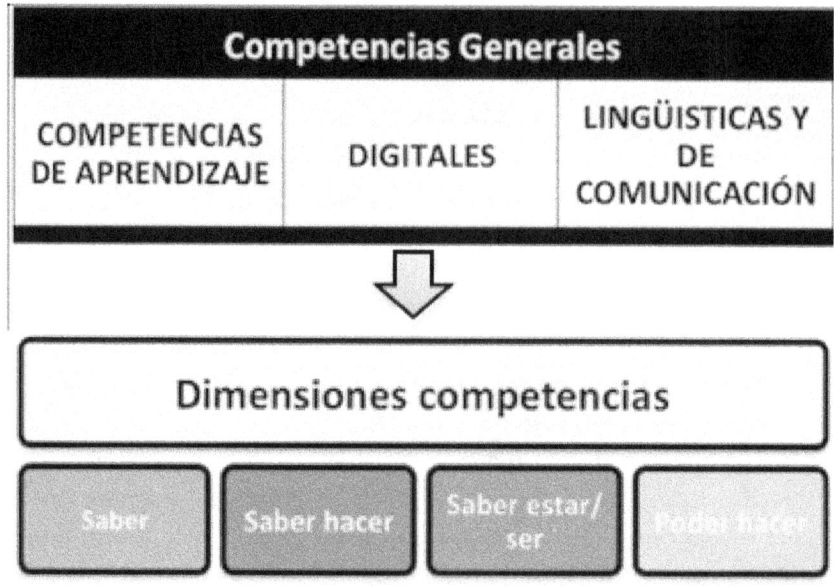
Imagen competencias comunes

A partir de estos tres elementos, aparecen dos competencias en el bloque específico:

- ⚽ Competencia de entrenamiento.
- ⚽ Competencia de juego.

Imagen competencias específicas

En el fútbol actual "ser competente" durante el entrenamiento es una capacidad fundamental en el jugador de fútbol, sobre todo en aquellos que tienen poco "recorrido" futbolístico y tienen que ganarse la confianza del entrenador. Esta competencia está muy relacionada con una aptitud fundamental, la estabilidad. Tener un equilibrio constante en el buen hacer durante el entrenamiento proporciona al jugador de fútbol la oportunidad de seguir mejorando, aprendiendo y evolucionando. Por lo tanto, podemos determinar que las competencias de entrenamiento son aquellos conocimientos, destrezas y actitudes que llevan al jugador a tener una estabilidad en diferentes parámetros relacionado con la comprensión y realización de las tareas de entrenamiento, la influencia en las mismas y la eficacia desarrollada. Estas competencias están compuestas por las 4 dimensiones o saberes correspondientes:

SABER (entendimiento y conocimiento de las tareas): relacionado con la cultura deportiva de entrenamiento. El conocimiento de cómo realizar un tipo de tarea y la compresión del objetivo de las mismas es un factor fundamental para poder desarrollar un buen entrenamiento. Por el contrario, el desconocimiento y la falta de vivencias influenciará de manera negativa en el rendimiento durante el entrenamiento y enlentecerá e intercederá en el proceso de aprendizaje y por lo tanto en la evolución del mismo.

SABER HACER (estabilidad en la adaptación al ritmo de las tareas y a su capacidad de realización): este aspecto hace referencia a la capacidad del jugador de poder entrenar a un ritmo y nivel de exigencia óptimos, intentando adaptarse constantemente a los requerimientos de las tareas, a sus normas y condicionantes. Estableciendo así, hábitos que lleven a su sistema cognitivo, emocional, cardiovascular y neuromuscular a entrenar al ritmo adecuado o establecido.

SABER SER/ESTAR (estabilidad en la influencia durante el desarrollo de las tareas y en la armonía del entrenamiento): movilizar todas las emociones para mantener y aplicar esfuerzo durante las tareas, mantener el grado de implicación durante las mismas y estar en predisposición para el aprendizaje constante.

PODER HACER (estabilidad en el nivel de eficacia en el entrenamiento): eficacia y rendimiento en la aplicación de las diferentes tareas de entrenamiento. Tener estabilidad y adquirir hábitos de eficacia en el entrenamiento es el mejor camino para conseguir mejor rendimiento en competición. Esta dimensión en etapas formativas tiene una importancia relativa a la fase o etapa formativa correspondiente (nula en iniciación y mayor en etapas cercanas al fútbol profesional).

Muchas de las características anteriormente descritas son obviadas cuando se habla de talento o de capacidades en un jugador de fútbol. Quizás cuando se habla de talento, se definen aspectos muy generales y banales, obviando otros que describen con mayor determinación aspectos más relevantes, los cuales, algunos de ellos están dentro de la competencia de entrenamiento.

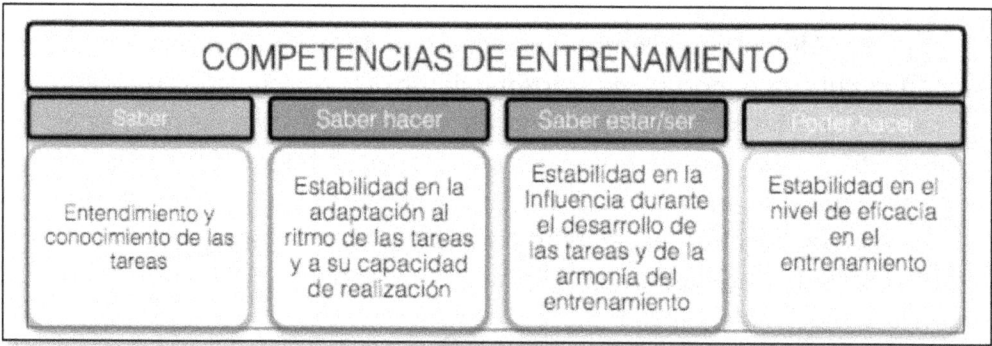

Imagen competencia de entrenamiento

En cuanto a las competencias de juego, podemos definir estas como los conocimientos, habilidades, destrezas que permiten al jugador la adaptación a diferentes situaciones y estrategias durante todo el desarrollo del juego y a movilizar sus recursos para conseguir la mayor eficacia durante el desarrollo del juego. Estas competencias están compuestas por las 4 dimensiones o saberes correspondientes:

SABER (conocimiento de los diferentes conceptos y estrategias de juego): relacionado con los conocimientos propios del juego, desde su lógica interna hasta los componentes funcionales de los mismos. Estos saberes están directamente relacionados con el conocimientos y aplicación de las reglas de juego y de las diferentes habilidades motrices y cognitivas. Hace referencia directa al conocimiento táctico y estratégico del juego. En la actualidad el fútbol se ha vuelto un juego más estratégico, donde la propia evolución del mismo ha propiciado la clara y manifiesta tendencia actual de entrenadores y profesionales del mismo, a desmembrarlo y analizarlo desde el estudio y la investigación. Este conocimiento se ha convertido en una parte relevante de las capacidades que tiene un jugador en la actualidad, donde el mismo no solo trata en el campo de adquirir un rol de mero actor, sino también de estratega, teniendo que incorporar conocimientos antes no adquiridos. Es más, si cabe, esta capacidad ha permitido desarrollar y potenciar el talento de futbolistas que antiguamente tenían difícil cabida en el fútbol profesional por sus características físicas. Aunque sea un clásico, jugadores del F.C. Barcelona y la Selección española de fútbol son un fiel reflejo de este tipo de capacidad.

SABER HACER (autonomía y adaptación de las habilidades y destrezas a las diferentes estrategias, ritmos y situaciones de juego): rompiendo con los dogmas más tradicionales que tratan de relacionar con cierto infortunio al jugador técnicamente bueno o con calidad a aquellos que poseen mucha variedad o recursos técnicos, la propuesta desarrollada en este trabajo trata de adentrarse en otro camino con respecto al uso de las capacidades motrices y cognitivas, no solo relacionando estas con el correcto uso de las mismas para la adecuada resolución de problemas durante el juego, sino que intenta evolucionar hacia aspectos más complejos como es la capacidad de adaptación, interpretando que el jugador que tiene mejores capacidades motrices y cognitivas es aquel que mejor las adapta no tan solo a las estrategias del equipo rival o a las situaciones que requiere el juego (situaciones-problemas), sino al ritmo del mismo, entendido este como las constantes modificaciones espacio-temporales en las que se accionan los movimientos de un jugador o equipo. Concepto muy relacionado con la velocidad en el juego, pero entendiéndola dentro de un contexto cambiante e inestable. A esto hay que añadir la capacidad de autonomía para llevar a cabo los diferentes conceptos. Por lo tanto, la capacidad de autonomía y de adaptación, es en el fútbol una de las aptitudes más importantes que debe desarrollar un jugador de fútbol. Todas las habilidades y destrezas motrices y cognitivas tienen que estar en constante proceso de adaptación a las situaciones cambiantes que requiere el juego, adecuándose a los diferentes contextos, estrategias rivales, ritmos y situaciones de juego. Como indica Seirul.lo (2000) la velocidad en el fútbol no debe ser entendida como la elevada velocidad de desplazar el cuerpo, sino como la capacidad de una rápida adaptación psicomotriz al juego. Por lo tanto, aquel que adapta de manera rápida o mejor sus herramientas, recursos o habilidades cognitivas y motrices a contextos complejos espacio-temporales.

SABER SER/ESTAR (comportamientos estables): la importancia de la inteligencia emocional juega un papel fundamental en esta dimensión, ya que el jugador de fútbol necesita que sus conocimientos y habilidades encuentren estabilidad en el tiempo y perduren durante las diferentes fases y momentos del juego. Las capacidades de regular y dirigir las emociones ayudarán a tener mayor estabilidad en la conducta, evitando desequilibrios constantes en el rendimiento y el aprendizaje. Por este motivo es muy importante su relación con la actividad mental del jugador, siendo este el motor que empuja e inyecta energía a los sistemas musculares y energéticos del organismo para mantenerse en estado de activación constante durante el juego y su desarrollo, evitando la desconexión del mismo y acompañándolo de la capacidad emocional para asumir responsabilidades durante el juego, estar "presente en el mismo" y configurar las estrategias mentales para otorgar seguridad y firmeza a las acciones e intervenciones del jugador. A la misma vez que se es capaz de conectar sus emociones con las necesidades grupales, sociales y colectivas del juego. Sus acciones hacen mejor a los demás que juegan a su alrededor, contagiando y e interaccionando positivamente con ellos. En cuanto a esta interacción también tiene especial relevancia la comunicación táctica, como elemento facilitador y que permite ayudar a la acción al compañero) y la creatividad y libertad motriz y cognitiva (como elementos de máxima expresión del jugador).

PODER HACER (regularidad en el rendimiento): esta dimensión hace referencia a la capacidad de movilizar todas las dimensiones anteriormente descritas hacia el rendimiento en competición, orientando el comportamiento del mismo hacia mecanismos que obtengan mayor regularidad durante la competición, añadiendo a este valor la capacidad de perdurabilidad en el tiempo, consiguiendo estados constantes de rendimiento en el tiempo. Poniendo de manifiesto que el jugador que es más competente no es solo aquel que tiene ciertas capacidades relacionadas con el juego, sino el que sabe sacarle más beneficio y rentabilidad durante la competición. Este aspecto es verdaderamente un argumento importante cuando se debaten temáticas relacionadas con las posibilidades de rendimiento de un jugador en un equipo o que jugador ha sido mejor durante una época. Ya no solo hay que tener en cuenta el nivel mostrado, sino su perdurabilidad en el tiempo. Ejemplo admirable y de jugador con un nivel de competencia muy alto es el argentino Lionel Messi.

Imagen competencia de juego

Todo lo expuesto anteriormente es una propuesta genérica de las competencias específicas. Con la finalidad de aproximar las competencias a las capacidades según la etapa formativa podemos proponer una estructuración secuencial. En las siguientes imágenes se observa una propuesta de la competencia de juego realizada personalmente con una organización de etapas que posteriormente se desarrollará.

COMPETENCIA DE JUEGO EN SU DIMENSIÓN DEL SABER
ETAPA INICIAL

Reglas de juego y motricidad básica ‑ ‑ ‑ ‑ ‑ → Conceptos orientados a los Principios básicos del juego

De las habilidades motrices básicas a los medios técnicos-tácticos individuales, colectivos y de equipo de menor complejidad

COMPETENCIA DE JUEGO EN SU DIMENSIÓN SABER
ETAPA AVANZADA

Conceptos avanzados del juego fase ofensiva ←‑ ‑ ‑ ‑ ‑→ Conceptos avanzados del juego fase defensiva

De los medios técnicos-tácticos individuales, colectivos y de equipo de mayor complejidad a las estrategias de equipo

COMPETENCIA DE JUEGO EN SU DIMENSIÓN SABER
ETAPA RENDIMIENTO

Conocer los parámetros ofensivos del rendimiento ←‑ ‑ ‑ ‑ ‑→ Conocer los parámetros defensivos del rendimiento

COMPETENCIA DE JUEGO EN SU DIMENSIÓN SABER HACER
ETAPA INICIAL

Dependiente - - - - - - - - → **Autónomo**

- *Tiene que ser informado constantemente, poca iniciativa.
- De las habilidades motrices básicas a los medios técnicos-tácticos individuales, colectivos y de equipo de menor complejidad
- *Poca información, asimilación, aprehender

COMPETENCIA DE JUEGO EN SU DIMENSIÓN SABER HACER
ETAPA AVANZADA

Dependiente - - - - - - - - → **Autónomo**

- *Tiene que ser informado constante-mente, poca iniciativa.
- De los medios técnicos-tácticos individuales, colectivos y de equipo de mayor complejidad a las estrategias de equipo
- *Poca información, asimilación, aprehender

COMPETENCIA DE JUEGO EN SU DIMENSIÓN SABER HACER
ETAPA RENDIMIENTO

Situaciones poco complejas (ritmos competitivos bajos) - - - → Situaciones de alta complejidad (ritmos competitivos altos)

- *Adaptación motriz y cognitiva a las situaciones de nivel bajo (tener en cuenta la categoría de juego, nivel del rival)
- *Adaptación motriz y cognitiva a las situaciones de nivel bajo (tener en cuenta la categoría de juego, nivel del rival)

Imágenes. Propuesta por etapas de la competencia de juego.

La secuenciación de las diferentes competencias va a determinar y facilitar la propuesta de objetivos y contenidos a trabajar, así como la etapa en la que se encuentra un jugador independientemente de la edad y por lo tanto más relacionado con su madurez cognitiva, emocional y motriz. En el siguiente cuadro se muestra un resumen de lo anteriormente expuesto.

PROPUESTA DE COMPETENCIAS DE JUEGO A ADQUIRIR POR ETAPAS DE APRENDIZAJE				
ETAPA/DIMENSIÓN	SABER	SABER HACER	SABER ESTAR/SER	SABER HACER
ETAPA APRENDIZAJE INICIAL	Interiorización desde las Reglas de juego y motricidad básica hasta los Conceptos orientado a los Principios básicos del juego	De la dependencia cognitiva y motriz a la autonomía en la resolución de situaciones de juego	Constancia en el esfuerzo, iniciativa (valentía para actuar y pérdida del miedo al error), comunicación motriz y social	No es relevante en esta etapa del aprendizaje
ETAPA APRENDIZAJE AVANZADO	Interiorización de los conceptos de juego ofensivos y defensivos.	De la dependencia cognitiva y motriz a la autonomía en la resolución de situaciones de juego	Constancia en el esfuerzo, iniciativa (valentía para actuar y pérdida del miedo al error), comunicación táctica y social.	Empieza a tenerse en cuenta sobre todo en la última fase de esta etapa.
ETAPA RENDIMIENTO	Conocer los parámetros de rendimiento ofensivos y defensivos.	Adaptación motriz y cognitiva a las situaciones desde nivel bajo a nivel de complejidad alto (tener en cuenta la categoría de juego, nivel del rival, ritmo de juego)	COMUNICACIÓN ORIENTADA AL RENDIMIENTO (seguridad, constancia, firmeza motriz, asumir responsabilidades)	La estabilidad del rendimiento es el elemento fundamental a evaluar.

Cuadro. Resumen propuesta competencias de juego por etapas

BLOQUE III

EL PROCESO DE ENSEÑANZA-APRENDIZAJE

4. LA CONSTRUCCIÓN DE UN MODELO

4.1. El inicio del camino

La visión de la formación, o mejor dicho, del proceso de formación del jugador de fútbol es posiblemente uno de los aspectos que requieren mayor análisis y estudio dentro del ámbito futbolístico. Anteriormente ya hemos analizado aspectos relacionados con el talento y el aprendizaje, resaltando algunos matices interesantes para poder llevarlos a la práctica, pero a la vez hay que ser conscientes de que no hay modelos, ni estrategias, ni metodologías que aseguren el éxito o que tengan la suficiente capacidad por si misma para preverlo, muy a pesar de la ciencia del deporte aplicada al fútbol, que a través del estudio y la investigación, ha ido evolucionando a pasos agigantados a la vez que ha ayudado con gran notoriedad la evolución de este deporte. Por lo tanto, esto nos indica que es muy probable que haya limitadores en el proceso de formación y que cualquier club o escuela de fútbol solo pueda generar diferentes contextos para poder desarrollar las potencialidades de los diferentes jugadores. Es posible que sea en este punto donde está la diferencia entre el éxito y el fracaso, conocer cuales son los mejores contextos, a la misma vez que se establece un proceso que nos ayude a analizar y evaluar el desarrollo de las competencias del jugador, evitando o salvando diferentes obstáculos por el camino, que en muchos casos, no son de índole deportivo.

Es por esto, que el proceso de formación del jugador de fútbol es un reto apasionante, extraordinariamente complejo y que requiere unas bases que elaboren el camino que se acerquen lo máximo posible a los objetivos que el club, academia o escuela se hayan propuesto.

4.2. Los elementos que componen el proceso de enseñanza-aprendizaje en el fútbol formativo

> *"Desde jóvenes a los jugadores se les dicen que hay que luchar que hay ganar y esas cosas y llegan a primera división sin saber nada del juego".*
> (Pep Guardiola)

4.2.1. El contexto de aprendizaje

Desarrollar un proceso de enseñanza-aprendizaje es una de las tareas que tienen mayor importancia en el fútbol formativo, el cual debe estar dentro de un plan formativo con unas líneas a seguir y a desarrollar por todos los profesionales. Desde mi punto de vista, este proceso debe establecer una guía que facilite a los entrenadores y técnicos optimiza los aprendizajes del jugador (club, academia o escuela). Cada club, academia o escuela debe tener su proceso de enseñanza-aprendizaje propio, caracterizado por ser un plan que se adapte y por lo tanto sea flexible al proyecto deportivo propuesto.

Y el modelo de juego, ¿debe de tener el proceso de enseñanza-aprendizaje un modelo de juego definido? Desde mi punto de vista este hecho solo debe contemplarse como tal en la fase de rendimiento, una vez que el jugador ya ha adquirido un alto porcentaje de las herramientas necesarias para poder adaptarlas a un modelo de juego concreto.

Dentro del laborioso y complejo entramado de elementos que componen el proceso de formación de un jugador de fútbol, es importante saber y recordar que el proceso de enseñanza-aprendizaje debe ir sincronizado con un contexto de aprendizaje, compuesto por diferentes componentes que le dan funcionabilidad y estructura a dicho proceso. Es importante aclarar esto porque durante el proceso de formación del jugador de fútbol hay múltiples factores que intervienen equilibrando la balanza hacia un camino positivo o negativo.

Referente a este último punto y excluyendo en este texto elementos fundamentales que conforman la pieza del engranaje del proceso de formación (entorno familiar, social, deportivo y un largo etcétera) quiero incidir en aquellos "ingredientes" relacionados directamente con del entrenamiento y la competición. Desde esta visión obtengo la conclusión sobre la importancia que tiene desde la visión metodológica del proceso enseñanza-aprendizaje la influencia de otros elementos "externos", los cuales pueden tener un mayor peso que todas aquellas tareas de entrenamiento, mensajes, información o recursos didácticos que podamos facilitar al jugador de fútbol para su desarrollo, circunstancias que no deben llevarnos al abandono o a la comodidad de no intervenir hasta donde sea posible. Podemos considerar que todos estas "piezas" conforman una red a la cual podemos llamar contexto de aprendizaje. En este contexto podemos concretar algunos elementos fundamentales:

- **Técnicos que conforman el grupo de trabajo:** son los entes principales sobre los que gira el proceso de aprendizaje y entrenamiento del jugador de fútbol. Las capacidades de los coordinadores, entrenadores, preparadores físicos, ayudantes etc. va conforman la piedra angular de todo método de trabajo y modelo de formación, ya que son ellos los responsables directos, de crear el mejor contexto de aprendizaje (dentro de las posibilidades y la estructura que soporta el club o ente deportivo donde trabajen) para el jugador de fútbol, con sus habilidades y capacidades pedagógicas y didácticas.

- **Instalaciones, campos y material de entrenamiento:** importantes la relación de los campos de entrenamiento y el material disponible con respecto a las necesidades y requerimientos del jugador, según su etapa deportiva. En este apartado quiero hacer especial hincapié en que el uso de materiales debe ser acorde a las necesidades del juego y del propio entrenamiento, que permitan al jugador adquirir una buena educación y capacidad de aprendizaje deportiva (conocimiento del propio proceso de aprendizaje).

- **Elementos sociales y familiares:** este factor fundamental está estrechamente relacionado el proceso de aprendizaje, ya que las expectativas que se pueden generar en el entorno del jugador pueden marcar la progresión y el desarrollo del talento del jugador.

- **Los jugadores que componen las plantillas o los entrenamientos**: las plantillas homogéneas son fundamentales para facilitar el proceso de aprendizaje de un jugador de fútbol, pero por desgracia, en la mayoría de las ocasiones esto no sucede así. Por lo tanto, ante grupos heterogéneos debemos de intentar trabajar según las posibilidades reales de cada jugador (importancia de planificación individual del jugador orientada a los objetivos personales) y reconocer el momento, en el cual el jugador requiere un cambio de contexto.

- **El entrenamiento:** sin extenderme en este punto (ya que posteriormente se tratarán aspectos con profundidad), hay que destacar las tareas de entrenamiento, las variables que la componen y como se orienta el feedback (este punto se desarrollará en otro capítulo).

- **Experiencias competitivas:** también relacionado con el aspecto anterior, sobre todo en lo referente al nivel de juego. No debemos caer en la falsa esperanza que ganar y ser eficaz en el rendimiento inmediato es el mejor estímulo para el aprendizaje y por lo tanto para el proceso de formación del jugador, ya que este requiere de error, de descubrimiento, de llevar a cabo elementos aprendidos y sobre todo de iniciativa propia en la resolución de situaciones de juego, eliminando todos aquellos procesos que coartan, que limitan, que buscan la efectividad en perjuicio del propio aprendizaje. Un matiz importante, debemos ser consciente de que la competición es un elemento fundamental y vertebrador en el desarrollo del talento del jugador, eso sí, bien utilizado.

Este contexto de aprendizaje debe encaminar al jugador, a una práctica en de la cual disfrute y que le permita ir alcanzando sus objetivos deportivos.

En las siguientes páginas no se pretende desarrollar un modelo de formación completo, tan solo se intentará esbozar algunas de los aspectos que considero más relevantes, de tal forma que sirva de guía, la cual puede ser adaptada según el contexto donde se vaya a aplicar, es por ello que a continuación se propondrán un contenido basado en una serie de conceptos que pueden ser compartidos en su totalidad o solo parcialmente. Lo importante que debe reflejar este trabajo es la estructura y organización y no la definición de los conceptos, ya que entiendo que cada técnico pueda utilizar e interpretar cada uno de ellos desde su conocimiento y formación académica adquirida.

ESQUEMA. Elementos básicos que intervienen en el contexto de aprendizaje de un plan de formación.

4.2.2. El entrenador en el proceso enseñanza-aprendizaje.

En la actualidad existe una gran dualidad entre los conceptos de aprendizaje, pedagogía, enseñanza y los de entrenamiento, rendimiento, exigencia etc. Parecen que tienen que ir separados, pero el verdadero problema es la interpretación de la terminología asociando la palabra a un concepto cerrado de la misma. ¿A caso cuando entrenamos en formación no se busca la máxima expresión del aprendizaje?, ¿la exigencia no está directamente relacionado con sacar al jugador de la zona de confort para que adquiera nuevas habilidades, conocimientos y actitudes?, ¿no es importante tener un buen sentido de la pedagogía para poder transmitir mejor los diferentes conceptos y que el jugador active y exponga sus actitudes y habilidades?, o ¿es mejor entrenador el que es muy exigente desde la poca capacidad pedagógica, comunicativa y que basa sus entrenamientos en "intensidad" y a través de las voces, recriminaciones, gritos y la constante imposición de qué y como hacer de los jugadores?

En esta obra se ha plasmado una propuesta sobre las etapas del proceso de enseñanza-aprendizaje donde se muestra tres tipos de fases de aprendizaje. Es importante que el papel y el perfil del entrenador se adecue a estas fases y sus correspondientes características, sabiendo transmitir los aspectos más específicos y relevantes de la misma. En la siguiente tabla se muestran las características más importantes que podrían definir el perfil de entrenador o técnico según las fases de aprendizaje.

CARACTERÍSTICAS PRINCIPALES DEL ENTRENADOR SEGÚN FASE DE APRENDIZAJE		
Fase de aprendizaje inicial	*Fase de aprendizaje avanzado*	*Fase de rendimiento*
Dominio de los aspectos básicos del juego (correspondientes a la etapa).	Dominio de los aspectos más avanzados del juego.	Capacidad de aplicar y adaptar los conceptos de juego rendimiento del equipo.

CARACTERÍSTICAS PRINCIPALES DEL ENTRENADOR SEGÚN FASE DE APRENDIZAJE		
Fase de aprendizaje inicial	*Fase de aprendizaje avanzado*	*Fase de rendimiento*
Favorecer que el jugador interprete el juego desde diferentes demarcaciones.	Ayudar al jugador a descubrir sus posibles demarcaciones según sus capacidades.	Orientar al jugador según sus habilidades y capacidades a su máxima expresión de rendimiento.
Pedagogía de competición (no vale ganar de cualquier manera).	Pedagogía de competición (no vale ganar de cualquier manera).	Orientar la competición a la máxima exigencia (élite) sin perder la perspectiva del aprendizaje.
Sensibilidad con los niños/as.	Sensibilidad con los adolescentes/niños/as.	Conocer con profundidad al jugador y potenciar su desarrollo deportivo y humano.
Paciente, metódico y que fomente la iniciativa y creatividad.	Sensibilidad con el talento y fomentar actitudes para su desarrollo.	Potenciar el talento hasta su máxima expresión.
Transmita disciplina y valores que convivencia.	Transmita disciplina y valores que convivencia.	Orientar al jugador a conseguir hábitos de vida de deportista de élite.
Capacidad de comunicación desde la pedagogía.	Capacidad de comunicación desde la pedagogía.	Capacidad para saber transmitir niveles altos de auto-exigencia al jugador.
Uso de criterios metodológicos y didácticos adecuados.	Uso de criterios metodológicos y didácticos adecuados.	Dominio de aspectos metodológicos y tecnologías aplicadas al rendimiento.

CARACTERÍSTICAS PRINCIPALES DEL ENTRENADOR SEGÚN FASE DE APRENDIZAJE		
Fase de aprendizaje inicial	*Fase de aprendizaje avanzado*	*Fase de rendimiento*
Análisis del proceso de aprendizaje desde el punto de vista del entrenamiento (máxima exigencia en el aprendizaje).	Análisis del proceso de aprendizaje desde el punto de vista del entrenamiento (máxima exigencia en el aprendizaje).	Análisis del proceso de aprendizaje desde el punto de vista del entrenamiento (máxima exigencia en el aprendizaje) y la competición (análisis del rival, plan de partido etc.).
Metódico en el diseño del proceso de enseñanza-aprendizaje.	Metódico en el diseño del proceso de enseñanza-aprendizaje.	Metódico en el diseño y planificación del entrenamiento conjugando competición (rendimiento) y aprendizaje.

4.2.3. El proceso enseñanza-aprendizaje.

En las últimas décadas hay numerosos autores que han realizado diferentes propuestas sobre el proceso de enseñanza del fútbol (Suarez y Casal, 2003; Corbeau, 1990; Fradua, 2005; Garganta y Pinto, 1997; Lago, 2002; Lealli, 1994; Del Castillo y Fradua, 2001; Pacheco, 2004; Ruiz de Alarcón y col., 2006; Sans Torrelles y Frattarola, 1999; Seirul-lo, 2004 y Wein, 1995). Cada uno de ellos tiene su particularidad, pero todos han ido desarrollando las diferentes características de su propuesta en base a diferentes modelos, algunos orientados a modelos técnicos, otros, otros en base a propuestas de juegos, otros en base a diferentes estructuras del jugador y otros partiendo de la propia organización del juego y de los comportamientos de los jugadores en el mismo. Lo que sí parece evidente, tal y como indica González (2008) es que los autores contemporáneos hacen mayor hincapié en la importancia de los procesos cognitivos y estratégicos, al contrario de los más tradicionales, los cuales ponen mayor empeño en el desarrollo del acto ejecutivo de la acción.

Adentrándonos en el proceso de planificación, podemos diferenciar dos grandes grupos en los cuales se ha ido desarrollando este proceso enseñanza-aprendizaje: la más tradicional y extendida, programar/planificar el proceso enseñanza-aprendizaje según la edad o categoría federativa o la que permite adaptar el juego a las necesidades del aprendizaje y programar/planificar el proceso de enseñanza-aprendizaje según el nivel del jugador. Este aspecto puede generar mucho debate, ya que el fútbol a nivel competitivo está organizado de tal manera que las categorías están organizadas por edades, estableciéndose una relación aprendizaje-competición inseparable y desde mi punto de vista indeseable, ya que el aprendizaje del juego conlleva la aplicación del mismo a la competición. Por lo tanto, aquí puede abrirse una grieta entre la teoría y la práctica, entre la idoneidad de establecer un proceso de aprendizaje que se adapte al nivel del jugador y las necesidades competitivas según las edades o etapas, llegando a un punto donde las categorías se acercan a las necesidades de rendir, impidiendo o dificultando la adquisición de ciertos aprendizajes, llegando a estrecharse el filtro de jugadores manera selectiva. La necesidad de rendir es tan perjudicial en etapas iniciales del aprendizaje como necesaria cuando la competición en etapas finales, o mejor dicho en ciertas edades, empieza a ser exigente.

A pesar de estas dificultades que podrían plantear eternos debates, debemos intentar adaptar el aprendizaje del juego a las necesidades del aprendiz lo mejor posible. En las siguientes líneas expongo parte de mi propuesta, en donde podemos diferenciar 3 fases:

IMAGEN. Fases del proceso enseñanza-aprendizaje en el fútbol.

- **Fase de aprendizaje inicial del juego:** compuesto por aquellos principios y elementos más básicos del juego y su aplicación en contextos y estructuras más sencillas de juego. En su traducción a las categorías formativas que se manejan en la actualidad, esta fase correspondería desde la primera categoría (sub 3-4) hasta la etapa alevín (sub 12).

- **Fase de aprendizaje avanzado del juego:** evolución a situaciones de juegos de mayor complejidad, finalizando con estructuras de juego reales de 11x11, aplicando los conceptos de juego a las mismas. Esta fase podría corresponder desde la etapa alevín-infantil hasta la cadete (desde sub 11-13 hasta sub 16). Esta etapa coincide con el cambio de fútbol siete u ocho con el de fútbol 11. Los jugadores están lejos aún de su máximo nivel de maduración. Incluso esta etapa puede ser alcanzada por jugadores de menor edad que muestran niveles altos de competencia en su saber, saber hacer y saber ser/estar.

- **Fase de rendimiento**: tratando de movilizar todas las capacidades del jugador al rendimiento colectivo y a las posibilidades individuales. A partir de la etapa juvenil (sub 17) o incluso desde sub 16 (según contexto-club-entidad deportiva) debería de iniciarse el jugador en esta etapa. El motivo de elegir este periodo de tiempo es debido a que el jugador tiene muy cerca el fútbol profesional o semi-profesional y son edades donde "normalmente", el jugador ya ha alcanzado un nivel de maduración biológica máximo o próximo al máximo.

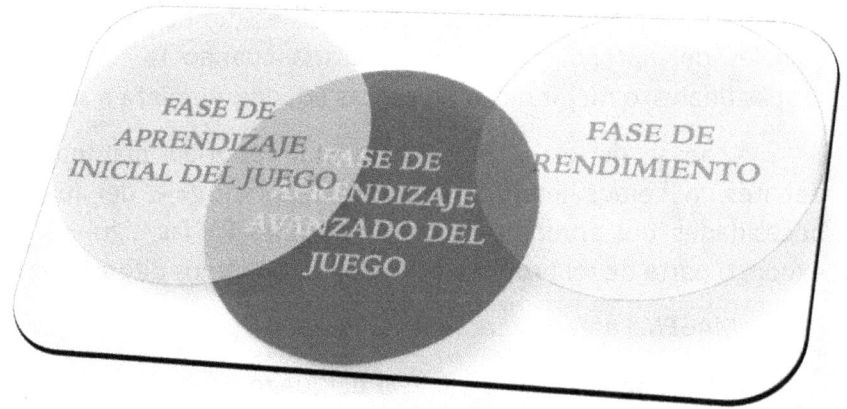

En la siguiente tabla se muestra una adaptación de las diferentes fases con una propuesta en relación a la fase de aprendizaje, la modalidad de juego y sus características.

FASE/ETAPA	CATEGORÍAS	MODALIDAD DE JUEGO	JUSTIFICACIÓN	CARACTERÍSTICAS GENERALES
APRENDIZAJE INICIAL DEL JUEGO	Hasta sub 6	FÚTBOL 3	Uso de F3 para favorecer las intervenciones técnico-tácticos en relación al desarrollo físico de los niños/as.	Aprendizaje y desarrollo de la motricidad básica y específica. Adquisición de las reglas de juego básicas del fútbol.
	Desde Sub 7 hasta Sub 10	FÚTBOL 5	Uso de F5 para favorecer las intervenciones técnico-tácticos en relación al desarrollo físico de los niños/as.	Aprendizaje y desarrollo de la motricidad básica y de los elementos técnico-tácticos individuales y algunos colectivos. Iniciación a algunos elementos técnico-tácticos de equipo. Adquisición de las reglas de juego básicas del fútbol.
	Desde Sub 11 hasta Sub 12	FÚTBOL 7	Modalidad previa a F11 y adaptada a las capacidades del niño/a (espacios) favoreciendo el número de intervenciones técnico-tácticas.	Aprendizaje y desarrollo de la motricidad básica y de los elementos técnico-tácticos individuales y algunos colectivos. Desarrollo de algunos elementos técnico-tácticos de equipo.
APRENDIZAJE AVANZADO DEL JUEGO	Desde Sub 13 hasta Sub 15	FÚTBOL 11	Cambios madurativos importantes (niñez-pubertad-adolescencia). Empieza el aprendizaje en el formato de juego adulto.	Desarrollar en el jugador los medios técnico-tácticos y adaptación fisiológica al F11.
RENDIMIENTO	Sub 16 hasta Sub 23	FÚTBOL 11	El jugador con 16 años ya puede jugar en el fútbol profesional y tiene que empezar a entender el deporte como rendimiento (de manera progresiva). Hay que tener en cuenta el desarrollo madurativo del jugador.	Adaptar las capacidades de los jugadores a las posibilidades de rendimiento individual. Potenciar las virtudes y corregir defectos.

La complejidad que provoca la propia dinámica del juego es trasladable al proceso de aprendizaje, siendo muy difícil saber o conocer de manera exacta que conceptos o contenidos de juego deben adquirirse antes o después, ya que muchos de ellos se irán obteniendo según su madurez biológica, las experiencias y vivencias. Como ejemplo podemos establecer la siguiente situación: en la edad de 10 años el nivel de pericia de los jugadores que componen un grupo o equipo de un club de fútbol base profesional es muy diferente que el de una escuela de fútbol donde los niños parten de un nivel bastante inferior de competencia. Por lo tanto, nos encontramos dos contextos muy diferentes, los de nivel avanzado que posiblemente dominen varios aspectos de la fase inicial y tengan más facilidad para el aprendizaje y los segundos, los de menos nivel, que estén en la primera fase y tengan una capacidad menor de aprendizaje. Lo que podemos establecer son las dinámicas de aprendizaje que a través del estudio y la experiencia la ciencia del deporte ha ido descubriendo. Estas dinámicas, como cualquier otra de aprendizaje de un deporte, trata de adquirir el aprendizaje del juego desde los conceptos más elementales a los más elaborado. Es por esto, que es interesante que cualquier plan de formación esté orientado a diferentes subfases del aprendizaje donde el jugador vaya progresando según sus capacidades, siendo más rápido el paso de una a otras para aquellos con más capacidad de aprendizaje y no para aquellos con mayor desarrollo temprano y por lo tanto con ventaja madurativa, transformada esta, en mayores capacidades físicas en la competición y por ende en mejores resultados deportivos, contexto de evaluación habitual sobre todo en edades tempranas o en aquellos que se inician en la práctica motriz.

Eliminar el tópico de las edades idóneas de iniciación a la práctica deportiva específica y la propuesta de objetivos y contenidos por edades permite explicar éxitos de talentos deportivos que han conseguido ser grandes deportistas tanto si han sido formados en la práctica deportiva específica en edades tempranas como en aquellos que también lo han conseguido partiendo de una educación deportiva inicial más orientada a la práctica de diversos deportes para posteriormente en edades de 14-15 adentrarse en la práctica deportiva específica. Estos hechos demuestran que no hay un solo camino para el proceso de aprendizaje y quizás si haya dentro de esos múltiples caminos algunas líneas que pueden servir de guía para potenciar el talento de un deportista hacia la práctica específica y conseguir posteriormente niveles altos de rendimiento.

Intentando seguir la idea anteriormente mencionada, en la siguiente imagen se establece una propuesta por subfases de aprendizaje y las diferentes características o elementos que se establecen en las mismas. Estas fases son solo una guía, que pretende orientar a los técnicos sobre los diferentes pasos que se pueden seguir en relación al aprendizaje del juego

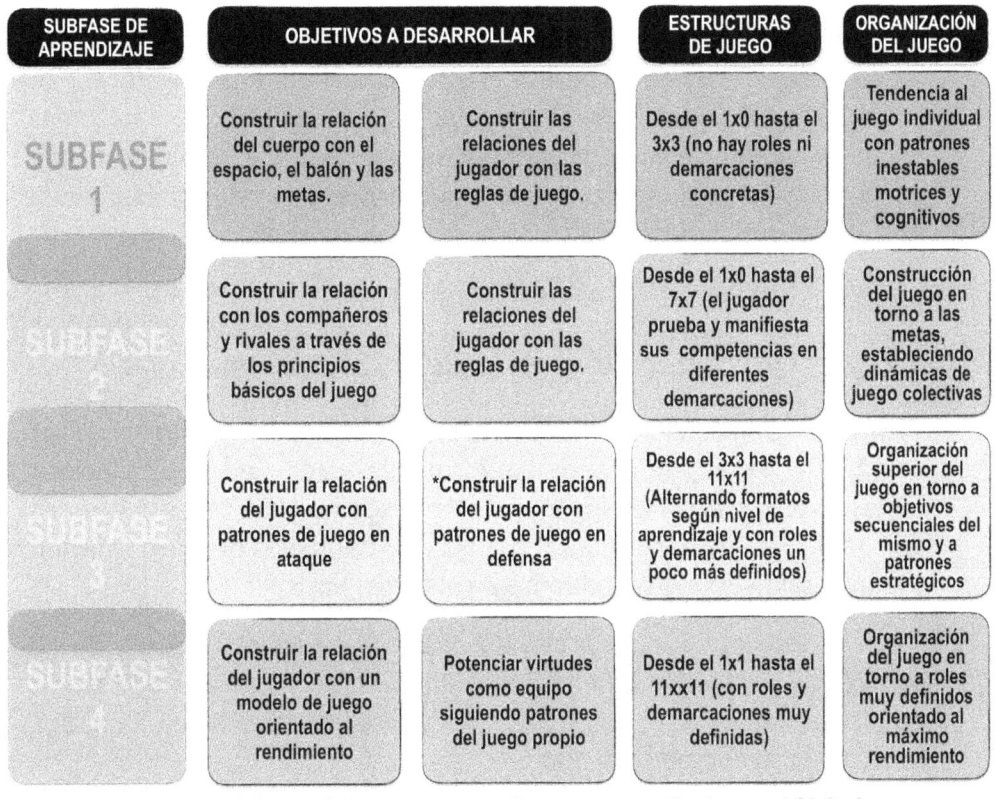

IMAGEN. Subfases del proceso enseñanza-aprendizaje en el fútbol.

En relación al esquema anterior, la programación del entrenamiento y por lo tanto del proceso de enseñanza-aprendizaje no será dependiente de la edad, sino del nivel adquirido y de las posibilidades de aprendizaje en el contexto determinado, esto quiere decir que las subfases del aprendizaje tienen que ser organizadas según el nivel de los practicantes.

- *Subfase I:* orientado principalmente a los que se inician y están en fases de iniciación al aprendizaje. En esta Subfase predominan las estructuras de juego más sencillas.

- *Subfase II:* orientado a jugadores en fase inicial del aprendizaje, aunque también pueden ser usados en diferentes % según las necesidades en la siguiente fase del aprendizaje.

- *Subfase III:* destinados a jugadores con un nivel de competencia del juego algo más elevado y utilizando estructuras del juego que van hasta el 11x11.

- *Subfase IV:* esta Subfase está orientada al máximo rendimiento, en ella se promueve la capacidad de movilizar las máximas posibilidades de cada jugador, entendiendo que este ha alcanzado también su máximo desarrollo madurativo. Está relacionada con la fase de rendimiento y la con la fase de aprendizaje avanzado del juego.

4.2.4. Programación del proceso de enseñanza-aprendizaje

¿Cómo programar el entrenamiento en el fútbol base?, ¿qué aspectos serán prioritarios en una etapa formativa?, ¿es necesario plantear metas a corto plazo a los jugadores? Estas son muchas de las preguntas que se nos puede venir a la cabeza cuando hablamos de programación y planificación del entrenamiento en el fútbol base.

En este capitulo se pretende desarrollar una estructura que de coherencia al proceso de enseñanza-aprendizaje y que a la misma vez pueda ser aplicado a un equipo independientemente de la etapa formativa a la que pertenezca.

Dentro de los diferentes elementos de la programación diferenciaremos dos tipos: los elementos de organización y los contenidos de trabajo. En los elementos de organización encontramos los objetivos, divididos en generales y específicos y los contenidos, divididos a su vez en categoría y tipos de contenido.

Elemento de programación	Descripción
Objetivos generales	Relacionado con el nivel de aprendizaje a alcanzar según la Subfase. Ejemplo: Construir las relaciones del jugador con las reglas del juego.
Objetivos específicos	Nivel de concreción mayor que determina los pasos a seguir para alcanzar el objetivo general. Ejemplo: jugar con las reglas del juego.
Categoría de contenido	Define la orientación del contenido. Ejemplo: El balón en juego o fuera del juego.
Tipos de contenido	Nos indica la cualidad del contenido. Divididos siempre en conceptuales, procedimentales y actitudinales. A partir de la etapa de aprendizaje avanzado del juego, se establecerá como tipo de contenido, los contenidos transversales, los cuales deben aparecer en ciertas tareas como contenido.

TABLA. Estructura De Programación

ESQUEMA. Estructura De Programación

Pero, ¿qué objetivos se deben de proponer en relación a la formación del jugador?, ¿son los mimos objetivos para cada etapa formativa?, ¿o quizás esto no tenga tanta relevancia y estás más relacionado con el estado madurativo del niño/a? Desde mi punto de vista, un aspecto fundamental para desarrollar los objetivos y contenidos dentro de una programación, es la madurez cognitiva, motriz y socio-afectiva, debido a que esto son los 3 elementos que mayor relevancia toman en relación a la lógica interna del juego, debido a que el juego tiene cierto carácter abstracto que le lleva a tener una complejidad cognitiva importante, sumado a la dificultad que tiene el adecuar el movimiento de los diferentes segmentos del cuerpo con un balón (transportado con los pies) en condiciones espacio/temporales de mucha incertidumbre y terminando con el carácter de juego colectivo, que conlleva eliminar las individualidades y conseguir objetivos de manera colectiva.

Por lo tanto, partiendo de esta situación y tomando como punto de partida la propuesta que realizan (a largo plazo) Garganta y Pinto (1997) y a corto plazo de Chesnau y Duret (1995), los objetivos según mi propuesta personal pueden ser definidos dentro del plan de formación de la siguiente manera:

EN RELACIÓN A LA FASE DE APRENDIZAJE INICIAL DEL JUEGO:

Objetivo general: Construir la relación del cuerpo con el espacio, el balón y las metas.

Objetivos específicos:

- Adquirir la motricidad básica y específica del juego:

Contenidos:

- Medios psicomotrices y sociomotrices
- Medios motrices específicos ofensivos y defensivos.

Objetivo general: Construir la relación con adversarios y compañeros.

Objetivos específicos:

- Mantener la posesión del balón/robar el balón.
- Progresar hacia una meta/evitar la progresión.
- Finalizar/evitar la finalización

Contenidos: Relación de los medios técnico-tácticos con los principios de juego básicos:

- Posesión y comunicación del balón/eviten la comunicación o posesión del balón
- Progresión /evitar la progresión

- Finalizar/evitar la finalización

Objetivo general: Construir las relaciones con las reglas de juego.

Objetivos específicos: Jugar con las reglas del juego.

Contenidos:
- El balón en juego y fuera del juego.
- Faltas directas e indirectas dentro y fuera del área.
- Otras reglas (fuera del juego).

EN RELACIÓN AL APRENDIZAJE AVANZADO DEL JUEGO:

Objetivo general: Construir la relación del jugador con patrones de juego en ataque y de defensa.

Objetivos específicos:
- Construir situaciones de ataque.
- Construir situaciones de finalización.
- Finalizar con éxito.
- Evitar la construcción de situaciones de ataque.
- Evitar la construcción de situaciones de finalización.
- Evitar la finalización con éxito.

Contenidos:
- Medios técnico-tácticos de equipo tanto en las diferentes fases y momentos del juego.
- Refuerzo de los Medios técnico-tácticos individuales y colectivos tanto en defensa como en ataque.
- Situaciones estratégicas.

EN RELACIÓN A LA FASE DE RENDIMIENTO:

Objetivo general: Construir la relación del jugador con un modelo de juego orientado al rendimiento.

Objetivos específicos:
- Obtener máximo rendimiento a los patrones propios del juego conociendo las deficiencias del rival en cada una de las fases y momentos del juego.

Contenidos:

- Conceptos de juego en cada una de las fases y momentos (en relación a un modelo de juego orientado para obtener resultados competitivos).
- Situaciones estratégicas.

En cuanto a los contenidos, definiremos diferentes categorías y tipos. Como se ha mencionado anteriormente las categorías determinan la clasificación de los diferentes contenidos según su funcionalidad en el juego. Sobre el tipo de contenido definiremos:

- **Conceptuales:** relacionado con los conceptos y conocimientos que el jugador tiene que conocer y aplicar para la resolución de problemas durante la competición. Relacionado con el ¿qué?

- **Procedimentales:** relacionado con los procedimientos cognitivos (identificación de estímulos, aspectos referentes a la toma de decisión etc.) y motrices (referente a aspectos básicos de motricidad relacionados con la técnica de ejecución) que el jugador tiene que desarrollar para mejorar la aplicación de los conocimientos. Relacionado con el ¿cómo? movilizo mis habilidades y destrezas para llevo a cabo estos conocimientos.

- **Actitudinales:** referente a como se movilizan las emociones, valores y pensamientos, que llevan al jugador a actuar de una determinada manera sobre el terreno de juego. Relacionado con el ¿cómo actúo o soy ante determinadas situaciones o problemas?

Sobre los contenidos transversales:

Estos contenidos irán implícitos en las sesiones de entrenamiento. Los contenidos transversales son los siguientes:

Reglas de juego: Las reglas de juego deben tenerse en cuenta en las diferentes etapas con diferente orientación. Este contenido aparece de manera transversal. Aparecerá en las sesiones como reglas de la tarea en el apartado de reglas de juego.

Matices por etapas:

a. *Fase de aprendizaje avanzado del juego*: trabajar la regla del fuera de juego con especial atención, los diferentes tipos de reanudación del juego (faltas directas e indirectas dentro y fuera del área, saques de banda, de esquina etc.).

b. *Fase de Rendimiento y perfeccionamiento:* sacar rendimiento a las reglas de juego. Saque rápido, sacar ventaja de las diferentes acciones a balón parado (saques de esquina, saque de banda etc.).

Situaciones de juego: las situaciones de juego deben tenerse en cuenta sobre todo en a partir de la fase rendimiento.

    a. Situaciones de final de partido.
    b. Situaciones con diferente tanteo en el marcador.
    c. Situaciones en inferioridad numérica.

GRÁFICO. Relación de Contenidos y Categorías de Contenidos.

A continuación se expondrá los diferentes contenidos de trabajo de la programación del proceso de enseñanza-aprendizaje.

I.1. Medios psicomotrices y sociomotrices

Conceptuales	Procedimentales	Actitudinales
Translación del cuerpo.	-Equilibrio, diferentes ritmos, ángulos direccionalidad/lateralidad	Creatividad, iniciativa, inquietud.
Giros	-Equilibrio, diferentes ángulos y grados, direccionalidad/lateralidad.	
Saltos	-Equilibrio, diferentes apoyos, direcciones, lateralidad.	

I.2. Medios motrices específicos ofensivos y defensivos

Conceptuales	Procedimentales	Actitudinales
Golpeo y recepción	-Equilibrio, direccionalidad/lateralidad, superficies y protección + Combinado con otros medios motrices.	Creatividad, iniciativa, inquietud.
Dominio y translación del balón.	-Equilibrio, direccionalidad/lateralidad y superficies + Combinado con otros medios motrices.	
Interceptar golpeos (manos y pies).	Equilibrio, direccionalidad/lateralidad y superficies + Combinado con otros medios motrices.	Creatividad, iniciativa, inquietud.
Arrebatar el balón.	Equilibrio, direccionalidad/lateralidad + Combinado con otros medios motrices.	

I.3. El balón en juego o fuera de juego

Conceptuales	Procedimentales	Actitudinales
Líneas que delimitan y dan forma al terreno de juego.	*Identificar líneas que limitan el juego. *Identificar líneas que me acerquen a zonas de la portería rival. *Identificar líneas que me acerquen a zonas de mi propia portería.	*Ser respetuoso con las decisiones de los árbitros. *Valorar las reglas que nos permiten seguir teniendo la posesión del balón.
Inicio y reinicio del juego (saque de inicio, de puerta, saque de esquina y saque de banda)	*Desarrollar elementos motrices propios del tipo de saque. *Identificar movimiento de los compañeros que puedan recibir y enviar el balón a una zona con ventaja.	

I.4. Faltas directas e indirectas dentro y fuera del área

Conceptuales	Procedimentales	Actitudinales
Lanzamiento directos e indirectos de faltas y penaltis.	*Identificar de la barrera y la colocación del portero con respecto a la portería. *Identificar zona de la portería libre. *Identificar tipo de lanzamiento (directo e indirecto) según la señal del árbitro. *Observar jugador mejor colocado para iniciar saque rápido.	*Tener templanza y confianza para ejecutar. *Tener iniciativa. *Respetar las decisiones del árbitro.

I.5. Otras reglas

	Conceptuales	Procedimentales	Actitudinales
Fuera de juego		*Observar último defensor con respecto la posición del compañero que va a recibir. *Identificar el bloque defensivo y mi posición con respecto el mismo. *Identificar el momento del golpeo del balón por parte del compañero.	*Ser paciente en la recepción del balón. *Respetar las decisiones del árbitro

I.6. Medios técnico-tácticos indiv-colect. de progresión y posesión del balón

	Conceptuales	Procedimentales	Actitudinales
Pase		*Observar al rival y la movilidad del compañero para pasar al pie o al espacio/por arriba o por abajo. *Identificar posición del rival y compañero para poder avanzar por zona del balón/ interior o exterior. *Golpear y no empujar el balón (balón sin botes) *Lateralidad *Uso de diferentes superficies	Da ventaja al compañero, transmite firmeza y posee un buen nivel de activación.

Conceptuales	Procedimentales	Actitudinales
Control	*Observar posición e intencionalidad del rival para orientar (y a que zona) o no el control o dejar pasar el balón. *Mirar entorno antes de recibir y saber si estoy solo para jugar con tranquilidad. *Lateralidad *Uso de diferentes superficies	Ayuda y facilita la acción al compañero mediante comunicación, transmite firmeza y posee un buen nivel de activación.
Conducción	*Identificar espacio libre/rival para poder progresar. * Fijar y generar 2x1. *Invadir espacio por delante del rival para obtener ventaja posicional. *Utilizar los brazos para proteger el balón. *Lateralidad *Uso de diferentes superficies/direcciones	Posee un buen nivel de activación, firmeza y no es egocéntrico en las acciones,.
Pared	*Identificar situaciones de 2x1 *Pasar e identificar el espacio para penetrarlo *Observar posición del rival para rebasar/quedártela o jugar a otro compañero diferente.	Da ventaja al compañero, transmite firmeza y posee un buen nivel de activación.
Cobertura del balón	*Buscar salida o proteger para mantener posesión y buscar compañero. *Bajar centro de gravedad y proteger balón ante presencia rival *Lateralidad (derecha/izquierda)	Firmeza, buen nivel de activación, no transmite miedo en el contacto.

I.6./I.7. Relación tanto con I6 como con I7

Conceptuales	Procedimentales	Actitudinales
Desmarques y ayuda	*Moverme para recibir o fijar al rival *Generar línea de pase *Ganar la espalda de la defensa	Es generoso (no busca su propio beneficio, sino el del grupo), adecuado nivel de activación e iniciativa.
Posicionamiento	*Ubicación en el campo según posición (no invadir zona del compañero y saber ubicarse en la propia). *Amplitud y profundidad (mantener distancias de relación optimas en los diferentes carriles). *Posicionamiento a diferentes alturas y disposición posicional para acumular jugadores por dentro o por fuera para generar superioridad numérica (más líneas de pases y fijación línea defensiva rival).	Es generoso (no busca su propio beneficio, sino el del grupo), adecuado nivel de activación e iniciativa.

I.7. Medios técnico-tácticos indiv-colect. de finalización

	Conceptuales	Procedimentales	Actitudinales
Tiro		*Orientar el control hacia zona que facilite el tiro a portería (lejano al defensor) *Observar posición del portero y buscar zona libre de la portería *Identificar/Aprovechar poca visualización del portero para finalizar. *Identificar zona de finalización y aprovechar *Lateralidad (derecha/izquierda)	Firmeza, buen nivel de activación, tiene iniciativa y creatividad. Evita el egocentrismo.
Remate		*Timing antes de remate *Lateralidad (derecha/izquierda) *Golpeo de cabeza y de volea (remates altura)	Firmeza, buen nivel de activación, tiene iniciativa y creatividad.
Regate		*Identificar situaciones de 1x1 y desequilibrar hacia espacios que permitan progresar o no perder el balón *Cruzar en la trayectoria del rival. *Finta y cambia de dirección y/o ritmo (derecha e izquierda) *Diferentes tipos (bicicletas, croqueta etc.)	Posee un buen nivel de activación, firmeza, creatividad, iniciativa y no es egocéntrico en las acciones.

I.8. Medios técnico-tácticos indiv-colect. que eviten la progresión y la posesión del balón

Conceptuales	Procedimentales	Actitudinales
Entradas (1x1)	*Orientación corporal según lado débil del rival. *Temporización y no caer en precipitación ante 1x1 (evitar entrada rápida y caer al suelo). *Ambos perfiles (derecha e izquierda)	Firmeza, valentía y buen nivel de activación.
Acoso	*Orientar acoso hacia zonas retrasadas o hacia pasillo lateral. *Invadir espacio del rival y utilización de brazos.	Firmeza, valentía y buen nivel de activación.
Marcaje y vigilancia	*Marcaje zonal y tapar líneas de pase *Marcaje individual *Vigilar rival sin perder de referencia la posición y el balón	Muestra iniciativa y disciplina.
Basculaciones	*Reducir espacios interlínea *No solaparse con el compañero o pierde la orientación espacial.	Muestra iniciativa y disciplina.
Coberturas y ayudas	*Mantener distancia correcta con el compañero sin solaparlo o estar muy lejos *Identifica ayuda al compañero para evitar que esté en desventaja.	Muestra iniciativa y disciplina.

I.8./I.9. Relación tanto con I6 como con I7

Conceptuales	Procedimentales	Actitudinales
Posicionamiento	*Reducción de espacios en amplitud y profundidad (entrelíneas). *Repliegue y recomposición.	Muestra iniciativa y disciplina.

I.9. Medios técnico-tácticos indiv-colect. que eviten la finalización

Conceptuales	Procedimentales	Actitudinales
Despeje	*Orientar balón hacia zonas exteriores (nunca hacia zona interior). *Perfil corporal para facilitar desplazamiento espacio/temporal y evitar que atacantes se aprovechen de nuestro campo visual "muerto". *Lateralidad (derecha e izquierda) *Despeje ante balones rasos o diferente altura.	Firmeza, valentía y buen nivel de activación.

I.10. Medios técnico-tácticos de equipo de Posicionamiento y movilidad

Conceptuales	Procedimentales	Actitudinales
Mantener distancia de relación (Amplitud y profundidad) (CSA,CSF)	*No invadir zonas del compañero ni ocupar espacios que ya están ocupados o líneas de pase que ya están creadas. *No mirar solo el balón, sino también como se mueven los compañeros *Ocupar pasillos laterales.	*Evitar ser egocéntrico en la participación (quererlas todas). *Ser constante en la búsqueda de soluciones sin balón. (no desconectarse y tener continuidad en las acciones). *Comunicación táctica (ayudar al compañero).

Conceptuales	Procedimentales	Actitudinales
Posicionamiento a diferentes alturas (mas líneas de pases y fijación línea defensiva rival) (CSA,CSF)	*Identificar espacios que nos permitan seguir dando profundidad y amplitud al juego tras movilidad de compañeros y circulación de balón. *No mirar solo el balón, sino también como se mueven los compañeros. *Observar e identificar posicionamiento de los jugadores que tienen relación más directa (jugadores que juegan en por dentro o por fuera).	*Evitar ser egocéntrico en la participación (quererlas todas). *Ser constante en la búsqueda de soluciones sin balón. (no desconectarse y tener continuidad en las acciones). *Comunicación táctica (ayudar al compañero).
Cambio de posición y cambio de rol (no perder sentido de organización). (CSA,CSF)	*No mirar solo el balón, sino también como se mueven los compañeros. *Identificar a jugadores colindantes que pueden intervenir en mi rol. *Mantener la estructura y equilibrio posicional. *Asumir nuevo rol y actuar según las funciones hasta nuevo cambio	*Comunicación táctica (ayudar al compañero). *Evitar desconexión y ser paciente hasta volver a mi rol.

Conceptuales	Procedimentales	Actitudinales
Disposición posicional para acumular jugadores por dentro o por fuera para generar superioridad numérica (CSA, CSF)	*Identificar nº de jugadores que componen primera línea de presión para ocupar espacios *Percibir jugadores rivales y posibles soluciones antes de recibir el balón. *Analizar espacios entre líneas e interlíneas. *Identificar líneas defensivas rivales (observar el conjunto no solo el jugador o los rivales más directos a la acción.	Asumir responsabilidades y no esconderse. Ser constante y evitar desconexiones.
Ocupación de zonas de remate (FE)	*Identificar ante situación de centro o de balón introducido al área espacios libres según ocupación del resto de compañeros. *Identificar líneas de llegada al área para conformar 1ª, 2ª o 3ª línea de remate. *Identificar espacios entre jugadores defensivos. *Identificar densidad de jugadores en espacios interiores	Asumir responsabilidades y no esconderse. Ser constante y evitar desconexiones
Llegadas de segunda línea (FE)	*Identificar espacios que fijen al rival y provoquen espacios para el beneficio del compañero. *Identificar espacios entre jugadores defensivos para llegada de 1ª y 2º línea.	Asumir responsabilidades no esconderse. Ser constante y evitar desconexiones

I.11. Medios técnico-tácticos de equipo de actuación ofensiva con balón

Conceptuales	Procedimentales	Actitudinales
Generar superioridad numérica con balón (CSA, CSF)	*Fijar mediante conducción para dividir y generar superioridad numérica. *Tener el control del juego y buscar zonas donde jugador con balón pueda generar superioridad numérica y posible progresión abandonando su zona de ocupación. *Identificar situaciones de 1x1 para poder desequilibrar.	Asumir responsabilidades, llevar iniciativa y transmitir seguridad.
Circular para buscar/encontrar hombre libre o espacios libres de progresión mediante alternancia de circulaciones o fijaciones al rival con balón. (CSA, CSF)	Mirar lejanos y cercanos. *Identificar igualdad/ inferioridad numérica para conservar la posesión. *Identificar a jugador con presión en la espalda. *Búsqueda de jugador posicionado entre líneas. *Identificar espacios libres para progresar. *Circulaciones de balón a diferentes ritmos (dar tiempo para permitir el posicionamiento del compañero) y diferentes direcciones *Identificar y buscar jugadores profundos. *Fijar mediante pausa o acumulación de pases en una zona para dividir y generar nuevos espacios.	Asumir responsabilidades, llevar iniciativa y transmitir seguridad.
Verticalidad (búsqueda de 2x1, 1x1 y último pase) (FE)	*Identificar situaciones de 1x1, 2x1 y espacios de penetración con balón. *Búsqueda de espacio entre defensores. *Atacar espacios a la espalda de la defensa.	Asumir responsabilidades, llevar iniciativa y transmitir seguridad.

I.12. Medios técnico-tácticos de equipo de Posicionamiento y movilidad defensiva

Conceptuales	Procedimentales	Actitudinales
Presencia intensiva	*Observar zonas de actuación propias y del compañero sin invadirlas y ocupando las zonas de repliegue inicial (mantener distancias de relación optimas). *Ajustar y reducir distancias interlíneas y entrelíneas tapando espacios y controlando rival y espacio próximo. Cerrar pasillos interiores. *Intentar reducir las situaciones de 1x1 intentando generar superioridad numérica defensiva, temporizando y esperando ayudas defensivas, intentando tener el máximo de jugadores por detrás del balón. *No precipitarse en el robo de balón para evitar desajuste defensivo, evitando saltar de línea y esperando fallo por precipitación del rival. *Identificar posibilidad de balón en largo rival reduciendo espacios a la espalda de la defensa (identificar jugador que puede lanzar y preparándome para segunda jugada. *Valorar la opción del fuera de juego para anular posibles receptores (todos sincronizados).	*Evitar desconexiones, mantener la intensidad y ser generosos en los esfuerzos. *Comunicación táctica.

	Conceptuales	Procedimentales	Actitudinales
Repliegue		*Identificar basculación del equipo para ocupar espacio útil y cambio de rol. *Volver a colocarse por detrás del balón y juntar líneas. *Valorar cambios de posición y función y recomposición del bloque defensivo (ayudas). *Temporizar ante situación de inferioridad numérica o igualdad para provocar que los compañeros lleguen a la ayuda.	*Evitar desconexiones, mantener la intensidad y ser generosos en los esfuerzos. *Comunicación táctica.
Cambio de posición y función defensiva		*Identificar jugador y espacio que rompe la estructura y organización defensiva. *Mantener el rol ocupado hasta recuperación de balón o hasta que el balón no se encuentre en juego.	*Evitar desconexiones, transmitir seguridad y ser constantes y generosos en los esfuerzos. *Comunicación táctica

I.13. Medios técnico-tácticos de equipo actuación defensiva

Conceptuales	Procedimentales	Actitudinales
Presión	*Generar superioridad numérica en zonas de robo/al menos no tener inferioridad numérica (Evitar que haya situaciones de 2x1 y de 1x1 en ataque). *Acompañar con basculaciones y achiques del resto de compañeros. *Observar la iniciativa del jugador que inicia la presión. *Identificar jugador que recibe entre líneas para saltar de línea y acosar o robar. *Ubicarme para tapar línea de pase por delante o por detrás del receptor según posibilidad de que el poseedor del balón no tengo controlado el mismo. *Ubicarme entre jugadores e intentar intuir posible receptor en situación de inferioridad numérica en la zona. *Presión tras pérdida (repliegue y achique de despacio de todos los jugadores y acoso al receptor y los cercanos). *Identificar posibles receptores cercanos y mantener vigilancia sobre los lejanos.	*Evitar desconexiones, mantener la intensidad y ser generosos en los esfuerzos. *Comunicación táctica.

SITUACIONES DE JUEGO	
OFENSIVAS	Ante equipo replegado y encerrado en su campo.
	Ante equipo que presiona arriba.
DEFENSIVAS	Ante situaciones que hay que replegar y contraatacar.
	Ante equipo que ataca a través de juego directo.
REGLAS DE JUEGO Y ABP (CONTENIDOS TRANSVERSALES). Etapa aprendizaje avanzado y Rendimiento.	
Saques de esquina, de banda y de centro	
Faltas directas, indirectas (reinicio del juego) y penalti	
Fuera de juego	
Faltas y faltas tácticas	
SITUACIONES DE COMPETICIÓN (CONTENIDOS TRANSVERSALES) Etapa aprendizaje avanzado y Rendimiento.	
Manejar situaciones con jugadores expulsados.	
Manejar situaciones a balón parado según si vamos ganando y falta poco tiempo o si vamos perdiendo y hay que arriesgar	
Saber conservar la posesión para "defender atacando".	
Tanteos en el marcador. Situaciones en la que hay que arriesgar y otras en la que hay que ser más conservador (enlentecer el juego a través de parones en ciertos momentos del partido).	

En cuanto a la selección de objetivos y contenidos según la categoría y etapa formativa, es importante reflexionar sobre la importancia de las necesidades de cada grupo, las cuales deberán de ser evaluadas desde el inicio de la temporada. No existe ninguna fórmula que dictamine que tipos de contenidos y en que % de tiempo de entrenamiento se debe de llevar a cabo durante una temporada, seguramente haya muchos caminos diferentes para conseguir los objetivos propuestos, por lo tanto, creo que es necesario la flexibilidad en el proceso de planificación.

¿Entonces la aplicación de contenidos y objetivos son indiferentes según la edad o etapa? Como anteriormente se hacía referencia, considero que es más importante el desarrollo madurativo y las capacidades futbolísticas, ya que la planificación debe ser una herramienta que ayude a mejorar el proceso de enseñanza-aprendizaje y no que entorpezca el mismo. Por lo tanto, es interesante que según el nivel del grupo se marquen los objetivos del mismo, intentando determinar que aprendizajes mínimos deben haber llevado a cabo.

¿Pero no tiene cada jugador su propio ritmo de aprendizaje?, ¿y qué pasa con aquellos grupos que no son heterogéneos? Es necesario que dentro de la planificación grupal, se lleve a cabo una planificación individual, basada en una evaluación de las competencias, la cual permita establecer objetivos individuales a corto plazo que permitan a cada jugador personalizar su proceso de aprendizaje.

4.2.5. Planificación del proceso enseñanza-aprendizaje.

Tradicionalmente en el fútbol formativo se han llevado a cabo modelos de planificación que intentan asemejarse a los utilizados en categorías profesionales. Estos modelos no permiten establecer un proceso de aprendizaje coherente, en el cual haya una secuenciación de objetivos y contenidos relacionados con el juego y en el cual el principal protagonista del proceso enseñanza-aprendizaje sea el jugador.

Si desde pequeño, el jugador de fútbol debe aprender aspectos relacionados con el juego, quizás lo más coherente sea aplicar o elaborar sistemas o modelos de planificación que tengan relación con lo que requiere el proceso de aprendizaje y por lo tanto, que permita desarrollar la competencias de juego. Este proceso debe aproximarse además según la etapas formativas y la realidad del contexto actual del fútbol base, lo que supone cambiar el paradigma tradicional de orientar todo el proceso a la búsqueda de resultados competitivos o tan solo a la búsqueda de adquisición de patrones de aprendizaje, ya que considero que es importante aprovechar la competición como parte importante del proceso de enseñanza-aprendizaje, siendo este un factor clave para formar jugadores que puedan aplicar los diferentes conceptos aprendidos durante el entrenamiento, consiguiendo así que el jugador exponga, refuerce y potencie en competición las nuevas herramientas que va adquiriendo.

En los últimos años la tendencia en relación al concepto de planificación en los deportes colectivos donde la competición es prácticamente semanal, se ha impuesto la idea y con buen criterio de que la planificación de una temporada debe de hacerse microciclo a microciclo, es decir a corto plazo. Es importante diferenciar el concepto de planificación en el futbol profesional y en el fútbol formativo, donde las unidades de tiempo y los objetivos son claramente diferentes. Mientras en uno el resultado en competición marca el desarrollo de una temporada, en el otro no se debe caer en el error de establecer como meta la competición, sino que esta debe interpretarse como un medio más de aprendizaje y de evaluación del mismo, siendo imperante la necesidad de planificar a medio-largo plazo.

**Unidades de planificación:

Según la etapa formativa y el contexto, se puede utilizar dos modelos de planificación, uno con orientación a la competición y otro que tiene en cuenta la competición, pero no basa su planificación en la misma, es decir no tiene como aspectos relevantes el rival, el día de competición etc. En este apartado me centraré en desarrollar las dos propuestas con ejemplos de cada una de ellas.

- *Trimestre:* Macrounidad de planificación que se define dependiendo del periodo de inicio de la temporada en 3 partes:
    - *Primer cuatrimestre:* más duradero según el momento de la temporada. Normalmente dura desde agosto a diciembre.
    - *Segundo trimestre:* desde enero hasta el mes de abril.
    - *Tercer trimestre:* desde abril hasta el final de la temporada.

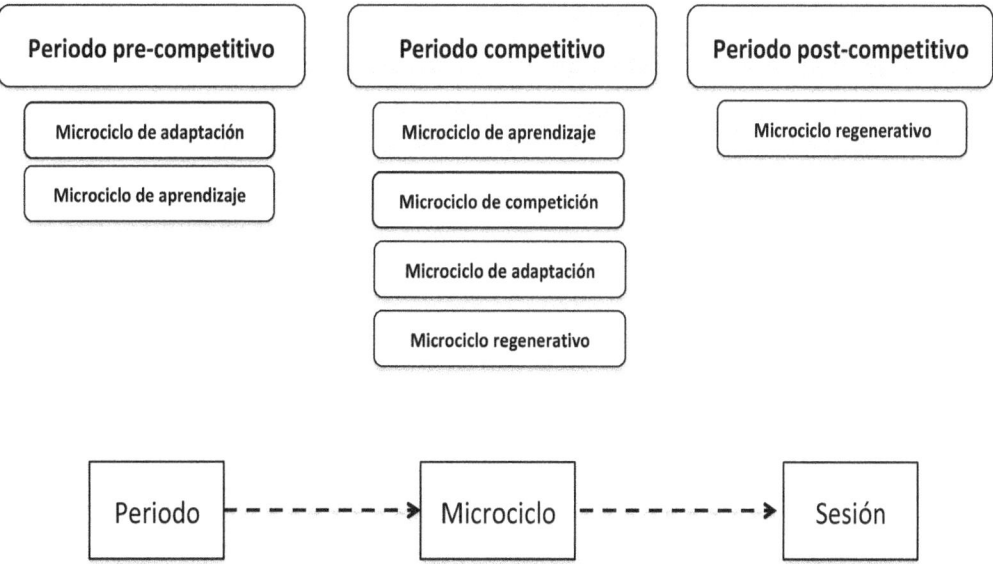

IMAGEN. Unidades De Planificación Fútbol Formativo.

Los meses que marcan el inicio y el final del la Macrounidad son totalmente flexibles a las necesidades del equipo y del club.

- ***Unidad base:* microciclo**. Esta unidad de planificación es la fundamental y estará determinada según el periodo de la temporada:

    - **Microciclo de adaptación:** relacionado con el periodo inicial de la temporada, en el cual, el objetivo principal es conseguir adaptaciones neuromusculares, fisiológicas y cognitivas a la exigencia del proceso de entrenamiento, a la misma vez que se empiezan a adquirir los diferentes conceptos de juego. Se utilizan entrenamientos donde se traten conceptos más sencillos y la información que tenga que procesar el jugador sea más escueta, a la misma vez que se proponen tareas con menos dificultad. Este tipo de microciclos se llevarán a cabo sobre todo en jugadores con una maduración biológica determinada y en edades más tempranas como adaptación a la dinámica de las sesiones y de las tareas de entrenamiento. La dinámica de cargas se orienta a evitar lesiones y a preparar al organismo a la exigencia de aprendizaje y/o competición.

    - **Microciclo de aprendizaje:** adquisición de los diferentes contenidos que se van planificando. Será el que se lleve a cabo la mayor parte del año en las etapas de aprendizaje. Los conceptos y la información va en progreso según la complejidad de los mismos. La dinámica de cargas se tiene poco en cuenta para la competición, intentando aprovechar al máximo el tiempo de la sesión de entrenamiento para adquirir adaptaciones constantes a esfuerzos altos y situaciones complejas.

    - **Microciclo de competición:** utilizado prioritariamente en la fase de rendimiento. La dinámica de cargas se orienta para poder llegar en el mejor estado físico y mental al partido de competición. El contenido de trabajo también está orientado principalmente al partido de competición, donde además se tiene en cuenta el análisis y aspectos del equipo rival para preparar las sesiones de entrenamiento.

    - **Microciclo regenerativo:** relacionado con la recuperación fisiológica y la desconexión mental. Puede ser utilizado en ciertos momentos del año, en semanas donde haya más fatiga mental (dependerá del nivel y categoría-edad).

- **Microunidad:** sesión de entrenamiento. Variación de contenido y tipos de tareas según etapa del proceso enseñanza-aprendizaje.

Aspectos relevantes:

Los aspectos más relevantes para planificar girarán en torno a la competición, ya que este es el elemento básico donde se podrán poner en práctica lo adquirido durante el proceso de aprendizaje.

- *Día de competición:* fecha del partido.
- Proceso *enseñanza-aprendizaje:* prioridad sobre los objetivos propuestos para el equipo.

Sobre la dinámica de cargas:

El proceso de enseñanza-aprendizaje puede ser diferente según la finalidad del club o entidad deportiva. En algunos casos dicho proceso tendrá la finalidad de enseñar los aspectos básicos del juego y establecer hábitos saludables de vida y en el caso opuesto la búsqueda de la formación deportiva para conseguir desarrollar deportistas de élite. Es obvio que la estructura de dinámica de cargas, entendida estas como el volumen e intensidad de entrenamiento establecidas en el tiempo o durante un periodo determinado será muy diferente, ya que está será un factor fundamental. El objetivo de la dinámica de cargas no es otro que buscar adaptaciones constantes del organismo a los diferentes estímulos, bien condicionales y generando fatiga muscular (a través del espacio y del tiempo) o bien cognitivos, generando fatiga mental (a través de la complejidad de las tareas y la dificultad de las mismas).

A partir de este planteamiento surgen las dudas y el reto de cómo orientar esta dinámica de cargas consiguiendo que el jugador no sufra lesiones o sufra el menor número de lesiones posibles durante su proceso de formación. Se antoja bastante complejo establecer una fórmula que defina el patrón y dinámica adecuado que aúna la capacidad para provocar adaptaciones cada vez mayores evitando lo máximo posible el riesgo de lesión (principalmente en jugadores de edad entre 15-16 años hacia delante). Lo que si parece podría ser interesante que establecer un nivel elevado de exigencia (tanto a nivel de intensidad y progresión en la dificultad de las tareas) desde las edades más tempranas permitiría conseguir mejores adaptaciones a los requerimientos del entrenamiento en etapas más adultas. Esta concepción se podría establecer igual respecto al volumen, el cual debe ir incrementando en tiempo y número de sesiones con el paso de las etapas de formación, incluso llegando en las etapas más cercanas al fútbol profesional (a partir de juveniles) a realizar dobles sesiones de entrenamiento durante algunos momentos del periodo competitivo. Esta propuesta rechaza la idea absoluta de que entrenar más es mejor, pero si apoya la concepción sobre la necesidad de ir incrementando los estímulos de entrenamiento (volumen, intensidad y contenido de entrenamiento) con el fin de conseguir las adaptaciones necesarias para soportar las exigencias del deporte profesional y la mejora del jugador. Hay que tener en cuenta que la intensidad hay que entenderla no solo desde el punto de vista físico/fisiológico (fatiga muscular) sino también desde el punto de vista cognitivo (fatiga cognitiva/mental).

A continuación, me aventuraré a realizar una propuesta (mediante representación gráfica) que al menos ayude a plantear una reflexión sobre esta dinámica de cargas partiendo de los tipos de microciclos mencionados anteriormente, las etapas formativas y su consecuente finalidad. Por supuesto hay que mencionar que el trabajo de prevención de lesiones juega un papel determinante y fundamental para soportar las cargas de trabajo.

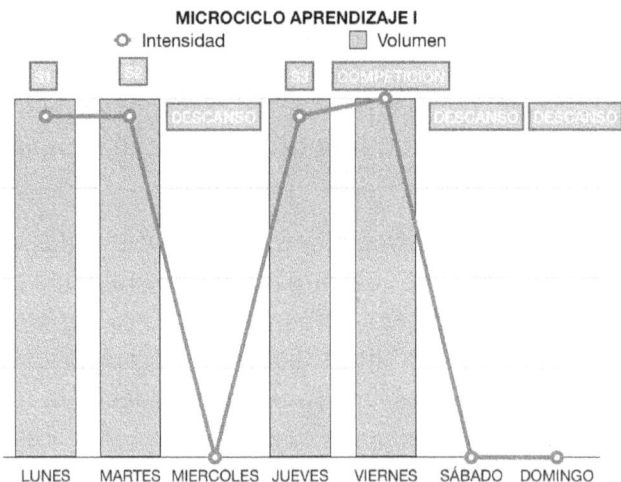

GRÁFICA. Microciclo de aprendizaje I. Orientado sobre todo en categorías benjamines, alevines e infantiles (fase de aprendizaje inicial del juego).

Para el microciclo de aprendizaje será importante establecer volúmenes altos de entrenamiento (1 hora y 30 minutos hasta 2 horas x 2-4 sesiones de entrenamiento semanales) e intensidades altas (85-100%). Este tipo de microciclo será utilizado en un porcentaje muy grande sobre todo en etapas formativas iniciales e intermedias (edades más pequeñas). Es importante indicar que muchas veces en estas edades, sobre todo en equipos de formación de clubes de élite, la competición del fin de semana supone un estimulo inferior que los entrenamientos.

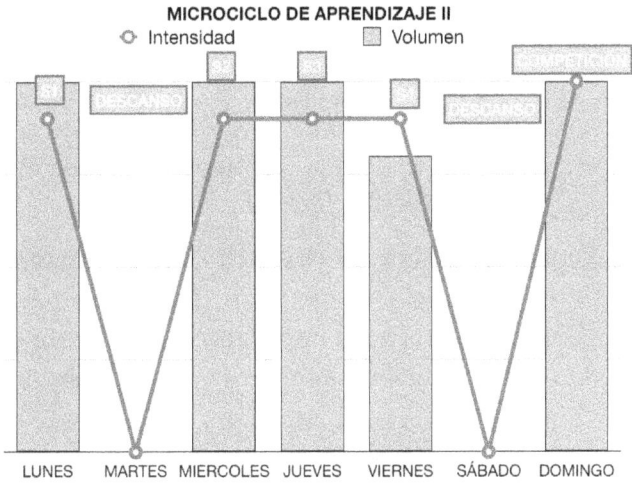

GRÁFICA. Microciclo de aprendizaje I. Orientado sobre todo en categorías infantiles-cadetes-juveniles (fase de aprendizaje avanzado del juego y fase rendimiento)

El microciclo de competición aplicará una dinámica de cargas orientada a llegar al partido de competición en un estado óptimo. Al inicio de semana se puede empezar con una sesión de volumen y nivel de intensidad medio-bajo para una vez progresando la semana ir aumentando los niveles de ambas variables hasta llegar a niveles medio-bajos durante el final de la semana o últimos entrenamientos. En la siguiente gráfica se muestra un ejemplo de lo propuesto.

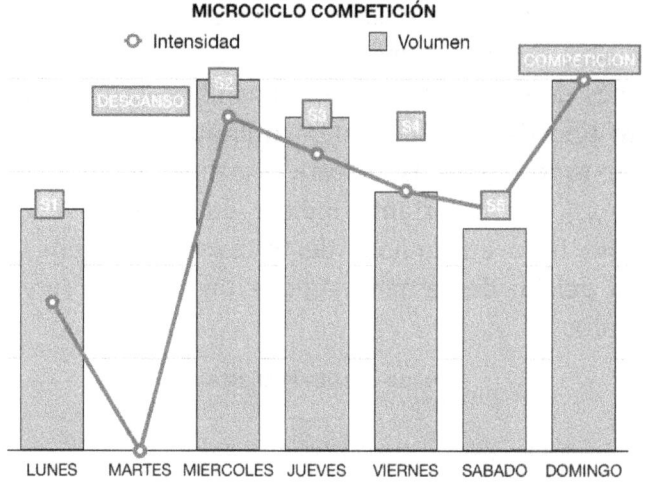

GRÁFICA. Microciclo de competición. Orientado sobre todo en categorías cadetes-juveniles (fase de rendimiento).

En la siguiente gráfica se muestra una comparativa entre la intensidad de un microciclo de competición y uno de aprendizaje, donde se aprecia que el microciclo de aprendizaje trata de proponer estímulos que provoquen niveles altos de fatiga cognitiva y física.

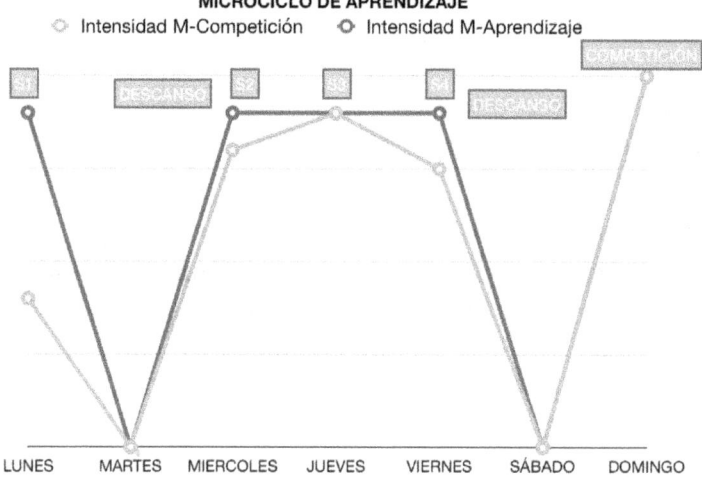

GRÁFICA. Comparativa de la intensidad entre microciclo de competición y aprendizaje en una semana de entrenamiento.

En la siguiente gráfica se muestra un microciclo de adaptación para una categoría cadete o juvenil, más adecuado posiblemente para el periodo pre-competitivo, donde se establecen 5 sesiones (una de ellas posible partido), en las cuales se observa una evolución del volumen y la intensidad creciente y posteriormente decreciente.

También se muestra una segunda gráfica donde se establece una dinámica de cargas de adaptación para periodos finales de la temporada donde hay que mantener unos niveles mínimos que eviten la pérdida de adaptaciones fisiológicas y neuromusculares.

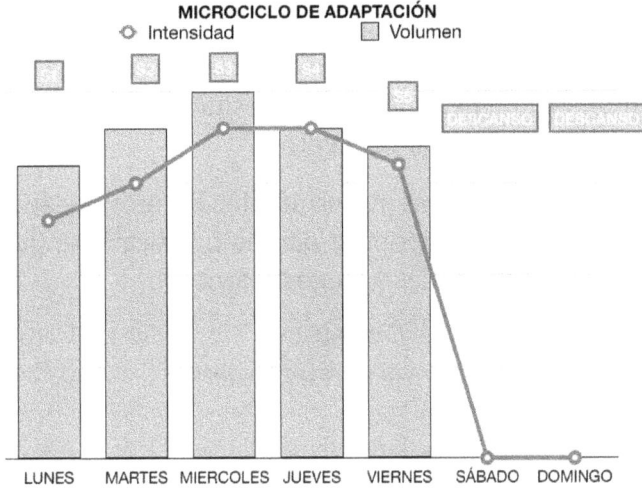

GRÁFICA. Microciclo de adaptación. Orientado sobre todo en categorías cadetes-juveniles (fase de rendimiento).

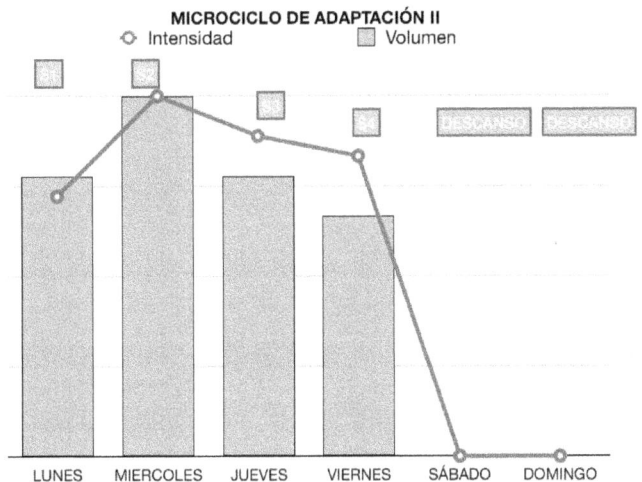

GRÁFICA. Microciclo de adaptación II. Orientado sobre todo en categorías cadetes-juveniles (fase de rendimiento).

En las siguientes páginas se muestra una propuesta práctica de planificación según diferentes categorías federativas.

CATEGORÍA BENJAMÍN:

Aspectos a tener en cuenta:

- *Adaptación:* jugadores equipos nuevos. Poco bagaje y experiencia (paciencia, periodo de adaptación a muchos cambios). Periodo de evaluación del grupo para establecer los diferentes contenidos a trabajar en el primer trimestre. Después de las vacaciones de navidad tener en cuenta que se necesita un periodo de tiempo de adaptación para recordar conceptos.

- *Regenerativo:* prácticamente no existe. En estas edades el niño/a debe de utilizar estos periodos para la práctica libre (juego con los amigos y otras actividades y juegos motrices).

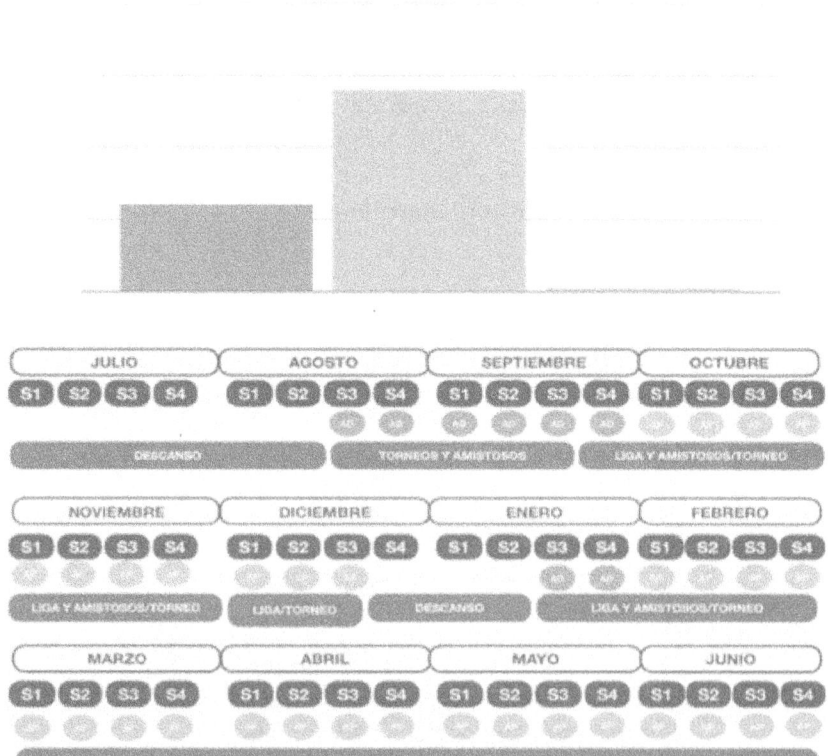

CATEGORÍA ALEVÍN:

Aspectos a tener en cuenta:

- *Adaptación:* en esta categoría a veces ya llevan tiempo juntos como grupo en el mismo club y ya tienen un bagaje en el deporte. Atención a los jugadores nuevos en el club o equipo. Periodo de evaluación del grupo para establecer los diferentes contenidos a trabajar en el primer trimestre. Después de las vacaciones de navidad tener en cuenta que se necesita un periodo de tiempo de adaptación para recordar conceptos.

- *Regenerativo:* prácticamente no existe. En estas edades el niño/a debe de utilizar estos periodos para la práctica libre (juego con los amigos y otras actividades y juegos motrices).

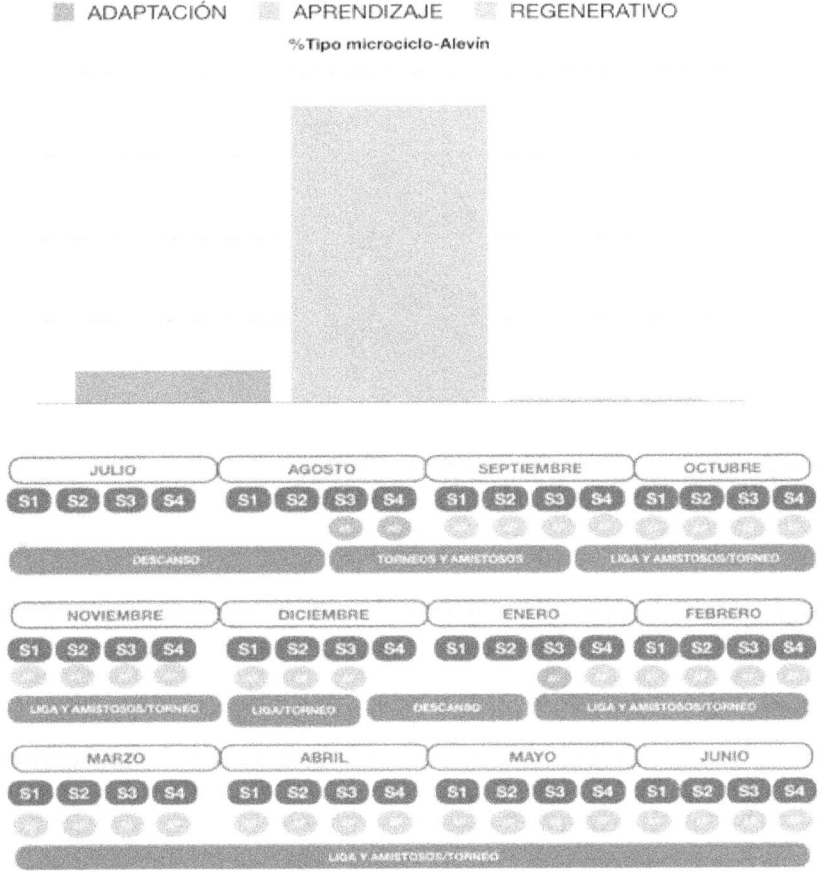

CATEGORÍA INFANTIL:

Aspectos a tener en cuenta:

- Adaptación: mayor tiempo de adaptación por cambio a fútbol 11. Periodo de evaluación del grupo para establecer los diferentes contenidos a trabajar en el primer trimestre Atención a los primeros cambios hormonales y estructurales. Después de las vacaciones de navidad tener en cuenta que se necesita un periodo de tiempo de adaptación para recordar conceptos.

- Regenerativo: prácticamente no existe. En estas edades el niño/a debe de utilizar estos periodos para la práctica libre (juego con los amigos y otras actividades y juegos motrices).

- Competitivo: puede aparecer sobre todo al final de la temporada y en algún momento muy concreto de la temporada.

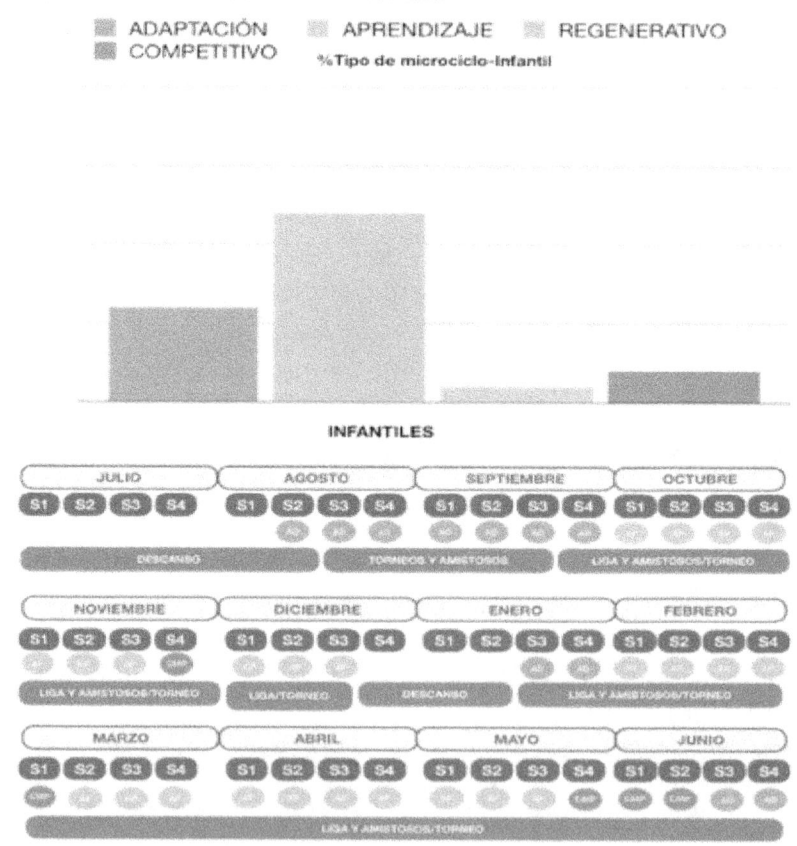

CATEGORÍA CADETE:

Aspectos a tener en cuenta:

- Adaptación: Periodo de evaluación del grupo para establecer los diferentes contenidos a trabajar en el primer trimestre. Atentos a los cambios hormonales y estructurales. Empezar a tener en cuenta las adaptaciones fisiológicas y la prevención de lesiones.

- Regenerativo: la mayor exigencia y carga de trabajo y el cambio de hábitos y actividades en los jugadores de esta edad provoca que haya microciclos regenerativos que permitan no perder las adaptaciones fisiológicas y evitar lesiones.

- Competitivo: antes de partidos de mucha exigencia o también posterior a un partido de mucha exigencia.

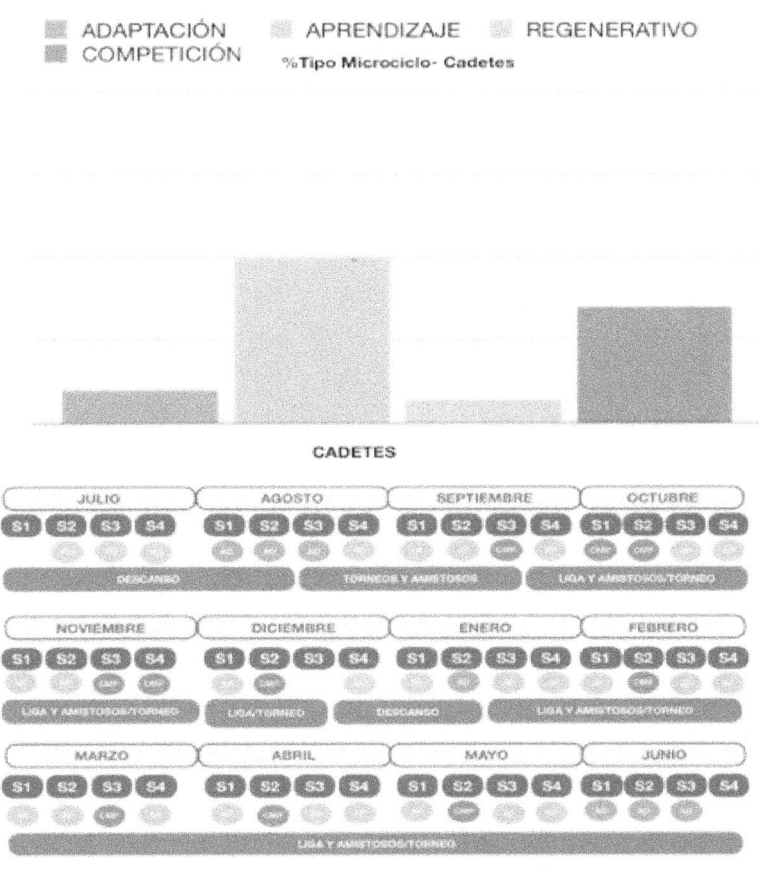

CATEGORÍA JUVENIL:

Aspectos a tener en cuenta:

- Adaptación: mayor exigencia y carga de trabajo. Evitar lesiones tras vuelta de periodos de inactividad.
- Regenerativo: mayor exigencia y carga de trabajo, disminuir perdidas de adaptaciones fisiológica. Desconexión mental. No extender más de 5-6 semanas de tiempo de descanso + regenerativo.
- Aprendizaje: principalmente en el periodo pre-competitivo para definir las bases y establecer los aspectos más importantes del modelo de juego.
- Competitivo: casi durante todo el año, estableciendo una dinámica de cargas muy cercanas al fútbol profesional.

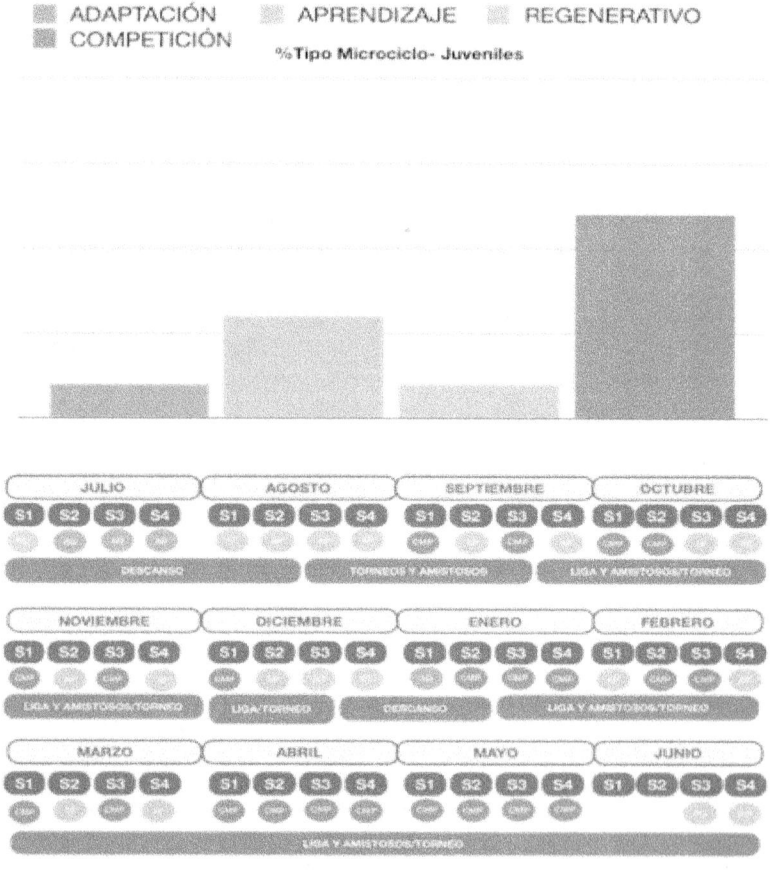

**¿Cómo orientar la planificación?

Según la Subfase de aprendizaje donde se encuentre el grupo, la planificación puede ir enfocada siguiendo 3 elementos diferentes:

- Subfase I de aprendizaje: tendrá una estructura de sesión más estandarizada donde se irán trabajando los 2 objetivos específicos (juegos para el desarrollo de los elementos motrices y psicomotrices y juegos para el desarrollo de las diferentes habilidades motrices específicas).

- Subfase II de aprendizaje: enfocado a los principios básicos del juego.

- Subfase III y IV: enfocado a los objetivos secuenciales del juego.

MICROCICLO TIPO (Competición fin de semana)							
Día/turno	Lunes	Martes	Miércoles	Jueves	Viernes	Sábado	Domingo
Objetivo Principal	DESCANSO	CONSTRUIR SITUACIONES DE ATAQUE	CONSTRUIR SITUACIONES DE FINALIZACIÓN	EVITAR LA CONSTRUCCIÓN DE SITUACIONES DE FINALIZACIÓN	FINALIZAR CON ÉXITO	COMPETICIÓN	DESCANSO
Objetivo Secundario		EVITAR LA CONSTRUCCIÓN DE SITUACIONES ATAQUE	*	CONSTRUIR SITUACIONES DE FINALIZACIÓN	EVITAR LA FINALIZACIÓN CON ÉXITO		

IMAGEN. Ejemplo de periodización de microciclo de aprendizaje para Subfase de aprendizaje III y IV.

MICROCICLO TIPO (Competición fin de semana)							
Día/turno	Lunes	Martes	Miércoles	Jueves	Viernes	Sábado	Domingo
Objetivo Principal	DESCANSO	MANTENER LA POSESIÓN/ PROGRESAR	MANTENER LA POSESIÓN/ PROGRESAR	FINALIZAR	DESCANSO	COMPETICIÓN	DESCANSO
Objetivo Secundario			EVITAR LA PROGRESIÓN DEL RIVAL	EVITAR LA FINALIZACIÓN			

IMAGEN. Ejemplo de periodización de microciclo de aprendizaje para Subfase de aprendizaje II.

La orientación de los objetivos y contenidos durante las sesiones de entrenamiento:

El microciclo debe ser aquella estructura de planificación que nos permite distribuir los diferentes conceptos de juego en cada uno de los objetivos específicos desarrollados durante las diferentes sesiones del mismo. Este microciclo debe caracterizarse por la distribución secuencial de todos los objetivos, estableciendo un orden y coherencia de los mismos dentro de la planificación semanal. Según la fase de aprendizaje este microciclo puede ser más o menos rígido, de tal forma que en las etapas más iniciales el microciclo es fijo en cuanto a la distribución y organización de los objetivos a trabajar en la sesión de entrenamiento y cuando se acerca a la fase de rendimiento, este microciclo es más flexible, ya que en esta fase se orienta más la planificación al rendimiento y por lo tanto la distribución de los objetivos dependerá en mayor medida de las necesidades competitivas (dinámica de carga de microciclo de aprendizaje vs microciclo de competición).

En las anteriores imágenes hemos puesto un ejemplo de cómo estructurar la semana de entrenamiento para diferentes subfases del aprendizaje. En la siguiente imagen se puede apreciar una propuesta para la periodización de los objetivos en un microciclo en la Subfase de aprendizaje III. En la tabla se muestra una organización en la periodización de los objetivos a desarrollar durante el microciclo y como gestionar desde una perspectiva metodológica los contenidos de entrenamiento.

PLANIFICACIÓN DE OBJETIVOS	
Objetivos secuenciales	
Ataque	1.Construir situaciones de ataque, 2.Construir situaciones de finalización, 3.Finalizar con éxito
Defensa	1.Evitar construcción de situaciones de ataque, 2. Evitar la construcción de situaciones de finalización, 3. Evitar la finalización con éxito.
Aspectos a tener en cuenta	Para la sesión se pueden elegir como máximo 2 tipos de objetivos (de los cuales uno tendrá prioridad sobre otro).
Periodización semanal	
Objetivo	Día (dependiente de los espacios, de los conceptos a trabajar y del nivel del equipo)
Construir situaciones de ataque/Evitar construcción de situaciones de ataque	Inicio de la semana
Construir situaciones de finalización/Evitar la construcción de situaciones de finalización	Intermedio de semana
Finalizar con éxito/Evitar la finalización con éxito	Final de la semana
Aspectos a tener en cuenta	Intentar que haya los objetivos ofensivos y defensivos que se relacionen no estén dispersos durante la semana, sino que haya proximidad temporal para establecer una rutina y facilitar la preparación y conocimiento de los jugadores de la propia sesión.

TABLA. Aspectos metodológicos sobre la planificación del entrenamiento y del proceso de aprendizaje.

Concluyendo la gestión del proceso de planificación, podemos diferenciar dos tipos de planificación por unidad de tiempo.

A. **Planificación trimestral:** gestión de contenidos seleccionados y con previsión a medio-largo plazo.

B. **Planificación semanal:** con organización de contenidos en torno al microciclo y a una progresión coherente basada en la observación a corto plazo. Este tipo de planificación está más orientada al rendimiento.

Planificación trimestral

*Se utiliza el microciclo como única unidad de planificación.

*Se parte del nivel del grupo y se va ordenando los contenidos de aprendizaje de manera progresiva y según la observación a corto plazo.

Planificación semanal

*Se utiliza el trimestre como unidad de referencia de planificación.

*Se gestionan los contenidos anticipadamente con vistas a medio-largo plazo.

IMAGEN. Propuesta de tipos de planificación en el fútbol base.

La sesión de entrenamiento:

La sesión de entrenamiento se convierte en la última unidad de planificación y esta deberá de contener una estructura que permita organizar y distribuir los contenidos a desarrollar en la sesión según diferentes contextos de entrenamiento (tareas y ejercicios de entrenamiento). Estos contextos o tareas de entrenamiento serán distribuidas por porcentajes o tiempos de trabajo en la sesión según la categoría o nivel formativo.

Como componentes de la sesión de entrenamiento se propone los siguientes elementos:

- **Objetivos**: orientación de la sesión, determinará si va orientado a aspectos del juego o a aspectos de recuperación.
    - *Objetivo principal:* prioritario y orientado a los objetivos secuenciales del juego o recuperación neuromuscular y mental.
    - *Objetivo secundario:* puede ser opcional. En el caso que haya, deberá ir orientado a los objetivos secuenciales del juego.
- **Contenidos:** aspectos del juego en los cuales vamos a hacer más hincapié.

La sesión de entrenamiento debe permitir establecer una estructura en la cual se generen los diferentes contextos de aprendizaje (como tareas de entrenamiento) que faciliten al jugador la adquisición de los diferentes conceptos de juego. Esta estructura deberá de tener las siguientes características:

- Estructura conformada por diferentes partes y diferentes tipos de tareas (contextos de aprendizajes).
- Distribución de las tareas por tiempos de trabajo.
- Organización y diferente secuenciación en porcentajes según la categoría formativa.
- Coherencia y máxima relación entre los objetivos de sesión, los contenidos y tareas de entrenamiento.
- Máximo 4-5 tareas de entrenamiento. Buscar variantes dentro de una misma tarea.
- Todos los contenidos y contextos son útiles, ya que son orientados al desarrollo formativo del jugador.

En cuanto a las partes de la sesión es importante diferenciar tres partes, las cuales tienen siempre importancia para el proceso de enseñanza-aprendizaje del jugador:

- Parte inicial: primera parte del entrenamiento, destinado a los contenidos y contextos menos específicos. En las etapas iniciales servirán para desarrollar contenidos de motricidad y socio-afectivos. En las etapas finales ayudarán a activar y preparar al organismo (fisiológico y mental) para la parte principal.
- Parte principal: orientado a los contenidos y contextos más complejos y específicos. Mayor duración de la sesión.
- Parte final: en las etapas iniciales pueden servir para hacer actividades menos específicas que permitan seguir trabajando contenidos y también darle un contenido más lúdico.

A continuación, se exponen ejemplos de la distribución y organización de las tareas de entrenamiento según tiempos de trabajo y categoría formativa. Estas tareas se organizan en relación a la aparición de mayor o menor grado de elementos relacionados con la lógica interna del juego (espacios, metas, nivel de oposición etc.) y por ende a su grado de especificidad.

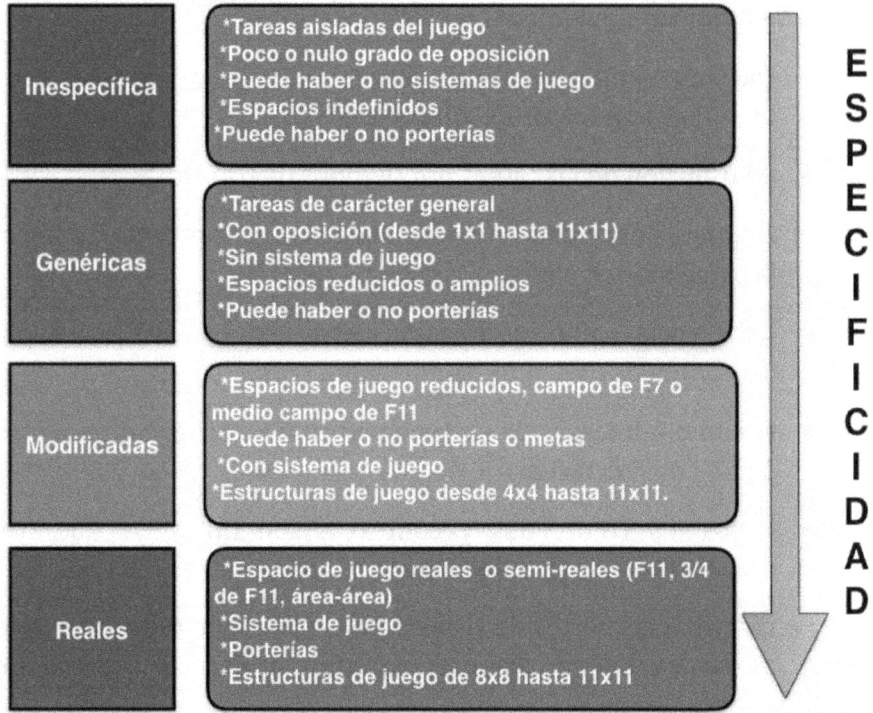

IMAGEN. Clasificación de las tareas de entrenamiento.

- *Inespecíficas:* alejadas del juego con pequeño o nulo grado de oposición, aún teniendo la posibilidad de que haya sistema de juego. Pueden o no tener porterías.

- *Genéricas:* son aquellas tareas donde no hay puesto específico y usan diferentes tipos de espacio con oposición. Pueden o no tener porterías.

- *Modificadas:* las tareas modificadas son aquellas que modifican el espacio de juego (desde espacios reducidos, campo de F7 o medio campo de F11) y su estructura de juego (desde 4X4 hasta 11x11). Puede haber o no porterías.

- *Reales:* tareas en espacios reales o semi-reales (3/4 de campo de F11, de área a área o campo entero de F11) y estructuras de juego muy cercanas al fútbol 11 (desde 8x8 hasta 11x11).

Categoría Benjamín:

- *Motricidad:* Importante para el desarrollo psicomotor (etapa sensible).
- *Inespecíficas*: Contextos más simples haciendo hincapié en los conceptos más sencillo-Variabilidad motriz (mostrar diferentes recursos motrices).
- *Genéricas*: Importante la diversidad de estímulos, roles y contextos.
- *Modificadas*: Orientación del juego al contexto real. Importante plasmar los conceptos en la realidad del juego (mayor aproximación a espacios del tamaño y forma de F7).

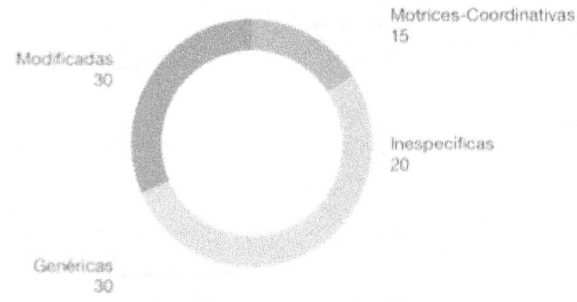

ESTRUCTURA SESIÓN BENJAMÍN		
PARTE	CONTENIDO	%TIEMPO DE TRABAJO
INICIAL	MOTRICES-COORDINATIVAS	15%
	SITUACIONES INESPECÍFICAS	15%
PRINCIPAL	SITUACIONES GENÉRICAS	30%
	SITUACIONES MODIFICADAS	30%
FINAL	SITUACIONES INESPECÍFICAS	5%
	CONDICIÓN FÍSICA (Estiramientos)	5%
TIEMPO TOTAL		90'

Categoría Alevín:

- *Motricidad*: Importante para el desarrollo psicomotor (etapa sensible).
- *Inespecíficas*: Contextos más simples haciendo hincapié en los conceptos más sencillo-Variabilidad motriz (mostrar diferentes recursos motrices).
- *Genéricas*: No olvidamos la diversidad de estímulos, roles y contextos.
- *Modificadas*: Vamos buscando mayor nivel de complejidad y que el jugador vaya adaptándose a diferentes posiciones.

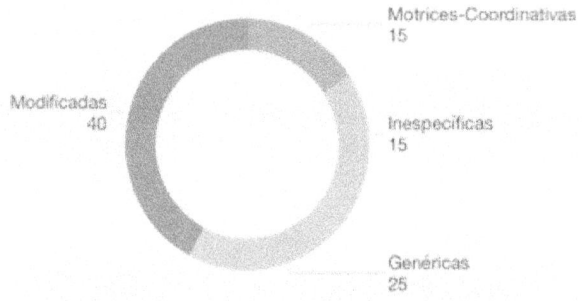

ESTRUCTURA SESIÓN ALEVÍN		
PARTE	CONTENIDO	%TIEMPO DE TRABAJO
INICIAL	MOTRICES-COORDINATIVAS	15%
	SITUACIONES INESPECÍFICAS	10%
PRINCIPAL	SITUACIONES GENÉRICAS	25%
	SITUACIONES MODIFICADAS	40%
FINAL	SITUACIONES INESPECÍFICAS	5%
	CONDICIÓN FÍSICA (Estiramientos)	5%
TIEMPO TOTAL		90'

Categoría Infantil:

- *Tareas reales*: Alto porcentaje. Necesidad de adaptarse a espacios más amplios e interpretar los conceptos desde dimensiones cercanas a la realidad. Todavía tiene limitada capacidad de abstracción de los conceptos.
- *Motricidad*: disminuye el tiempo dedicado a este tipo de tareas, hay que buscar mayor especificidad en el entrenamiento.
- *Genéricas*: Nuevos espacios (alternancia de espacios amplios y reducidos).
- *Inespecíficas*: Adaptación al nuevo tamaño de balón. No olvidar que el niño/a sigue en crecimiento.

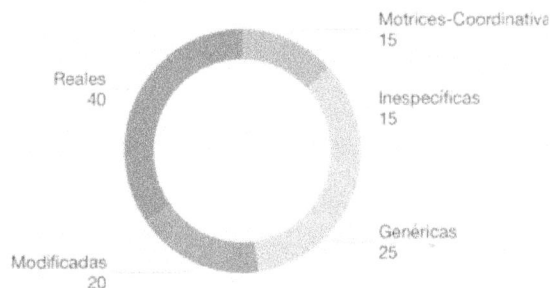

ESTRUCTURA SESIÓN INFANTIL		
PARTE	CONTENIDO	%TIEMPO DE TRABAJO
INICIAL	MOTRICES-COORDINATIVAS + SITUACIONES INESPECÍFICAS	15%
	SITUACIONES GENÉRICAS	25%
PRINCIPAL	SITUACIONES MODIFICADAS	20%
	SITUACIONES REALES	40%
FINAL	CONDICIÓN FÍSICA (Estiramientos)	5%
TIEMPO TOTAL		90'

Categoría Cadete:

- *Reales*: Adaptación total al espacio de juego en los conceptos de equipo y situaciones de juego.
- *Modificadas*: aumentan el tiempo porque el jugador ya tiene capacidad para abstraer los conceptos y las situaciones de juego de los espacios reales.
- *Inespecíficas*: la orientación de estas tareas debe de ser como activación o como repaso a algún tipo de concepto. También estarán presentes en mayor porcentaje en los microciclos de competición.
- *Genéricas*: se introducen en la parte inicial.
- *Trabajo de fuerza*: aparece como parte de la sesión puede aumentar el tiempo de la sesión)

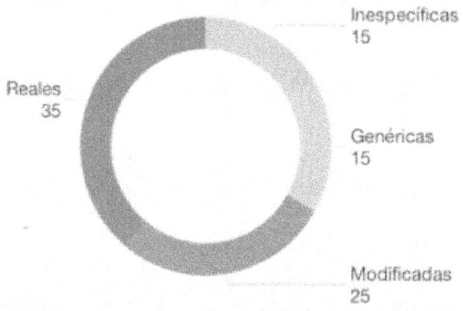

ESTRUCTURA SESIÓN CADETE		
PARTE	CONTENIDO	%TIEMPO DE TRABAJO
INICIAL	FUERZA + PREVENCIÓN (puede ser parte fuera del campo)	20%
INICIAL	SITUACIONES INESPECÍFICAS-GENÉRICAS	15%
PRINCIPAL	SITUACIONES MODIFICADAS	25%
PRINCIPAL	SITUACIONES REALES	35%
FINAL	CONDICIÓN FÍSICA (Estiramientos)	5%
TIEMPO TOTAL		100-110'

Categoría Juvenil:

- *Modificadas vs reales*: Necesidad de trabajar aspectos más concretos por puestos y mayor nivel de dificultad al disminuir espacios de juego.
- *Inespecíficas*: activación como primera tarea de entrenamiento. También estarán presentes en mayor porcentaje en los microciclos de competición.
- *Genéricas*: Introducción a la parte principal.
- *Trabajo de fuerza:* aparece como parte de la sesión puede aumentar el tiempo de la sesión).

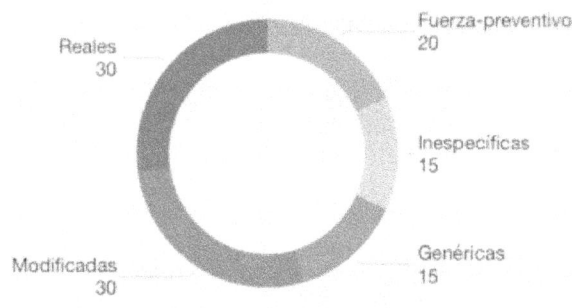

ESTRUCTURA SESIÓN JUVENIL		
PARTE	CONTENIDO	%TIEMPO DE TRABAJO
INICIAL	FUERZA + PREVENCIÓN (puede ser parte fuera del campo)	20%
	SITUACIONES INESPECÍFICAS-GENÉRICAS	15%
PRINCIPAL	SITUACIONES MODIFICADAS	30%
	SITUACIONES REALES	30%
FINAL	CONDICIÓN FÍSICA (Estiramientos)	5%
TIEMPO TOTAL		110-120'

4.2.6. Tareas de entrenamiento, estrategias didácticas, progresiones didácticas y recursos metodológicos.

El diseño de tareas es un elemento dentro del eslabón del proceso de enseñanza-aprendizaje, que por si solo no cobra especial relevancia. La capacidad de dar sentido al diseño de tareas es lo que de verdad nos puede ayudar a sacar el mayor rendimiento de las mismas. Dentro de una organización la tarea debe ser la puesta en práctica de una organización mucho mayor y esta debe de ir orientada a la creación de diferentes situaciones-problemas que el jugador tiene que ir tratando de resolver a través de la práctica. La verdadera productividad de las tareas de entrenamiento aparece cuando generamos el contexto adecuado para que el jugador sea capaz de descubrir y adquirir diferentes herramientas cognitivas y motrices. Y este aprendizaje debe estar organizado dentro de una estructura superior y más compleja que es el proceso de enseñanza-aprendizaje.

PROCESO DE ENSEÑANZA-APRENDIZAJE

Fase de aprendizaje

Categoría/nivel

Programación	Planificación	Sesión de entrenamiento	Tarea de entrenamiento
• Conceptos relacionados con los diferentes elementos técnico-tácticos individuales, colectivos y de equipo (herramientas que tiene el jugador para solucionar situaciones de juego)	• Nivel de complejidad de los conceptos durante los diferentes microciclos	• Mayor nivel del grupo: mayor número y/o complejidad de conceptos en los que puedo incidir • Menor nivel del grupo: menor nivel de complejidad de los conceptos/menos conceptos puedo incidir	• Situaciones problemas de aprendizaje orientados a los conceptos que quiero que mis jugadores adquieran condicionados por las diferentes normas que me ayuden a provocar esas situaciones.

ESQUEMA. El diseño de tareas de entrenamiento dentro del proceso de enseñanza aprendizaje

Si miramos y analizamos la bibliografía sobre las diferentes clasificaciones sobre tareas de entrenamiento podríamos observar la infinidad de tipos de tareas que se utilizan para el entrenamiento según que autor y la propuesta clasificatoria (orientadas a aspectos condicionales, tecnificación, denominaciones tácticas, etc.). Personalmente soy partidario de no establecer grandes complejidades en este aspecto, ya que suficientes enredos tenemos con otras temáticas que requieren mayor esfuerzo para su comprensión. Sin entrar embrollo, como he mencionado anteriormente mi propuesta de clasificación parte de la evolución de las tareas hacia la mayor especificidad del juego, ubicando las tareas en 4 grupos (inespecíficas, genéricas, modificadas y reales). Esta clasificación está orientada a dirigir las tareas hacia diferentes progresiones en el aprendizaje, teniendo en cuenta que cuanto mayor especificidad hay (siempre teniendo en cuenta la densidad de jugadores con respecto al espacio y otro tipo de reglas) más complejidad soportan las tareas. El saber "jugar" con la variedad y seleccionar el tipo de tareas para poder mostrar el mejor contexto de aprendizaje es el verdadero reto de los técnicos.

En cuanto al desarrollo de las tareas, los componentes fundamentales son los siguientes:

- *Aspectos conceptuales:* estos son aquellos conceptos que queremos trabajar o hacer mayor hincapié durante la tarea. Es importante tener en cuenta este último matiz, ya que el querer desarrollar muchos conceptos durante una tarea puede llevar a un exceso de información por parte del técnico y por parte de los jugadores.

- *Aspectos a incidir:* son los aspectos procedimentales y actitudinales en los cuales queremos hacer mayor hincapié y por lo tanto en lo que vamos a incidir cuando demos información al jugador durante la tarea. Estos aspectos tienen que estar en concordancia con el plan de competición.

Cuerpo técnico	
Equipo	
Nº Sesión 1	FECHA: MATERIAL: LUGAR:
OBJETIVO PRINCIPAL	
OBJETIVO SECUNDARIO	

Parte Inicial

Espacio:	Duración: 2x12´	Contenidos
		Desarrollo y Variantes (especificar sistema de juego)
Aspectos a incidir		**Normas (Provocación, Continuidad, Puntuación, Reglas de juego)**

Parte Final

Modelo de sesión

Parte Principal		
Espacio:	**Duración: 2x8'**	**Contenidos**
		Desarrollo y Variantes (especificar sistema de juego)
Aspectos a incidir		**Normas (Provocación, Continuidad, Puntuación, Reglas de juego**

Espacio:	**Duración: 2x12'**	**Contenidos**
		Desarrollo y Variantes (especificar sistema de juego)
Aspectos a incidir		**Normas (Provocación, Continuidad, Puntuación, Reglas de juego**

IMAGEN. Ejemplo de hoja de sesión

Otro aspecto relevante a tener en cuenta en la tarea de entrenamiento son los relacionados con las normas a aplicar en la tarea. Estas normas pueden y deben ir en relación a los procedimientos y comportamientos que queremos provocar. Podemos considerar las siguientes reglas o normas de tarea:

- *Provocación:* aquellas que aplicaremos en la tarea para provocar las situaciones que queremos que se den durante el desarrollo de la misma. Por ejemplo, limitaciones o usos de espacios, comodines, interacción o participación de determinados jugadores, equipo aplicando cierta estrategia etc.

- *Continuidad:* esta regla enmarca como se inicia y reinicia la tarea. Por ejemplo: siempre se inicia con saque del portero, o con saque de banda o es el entrenador el que reinicia el juego, se inicia con algún comportamiento que se pueda dar en la competición (primera línea de presión queda rebasada) etc.

- *Puntuación:* este tipo de reglas determina como se consigue la puntuación para poder ganar el juego. Esta regla da un carácter competitivo a la terea. Por ejemplo: un equipo empieza ganando o perdiendo, goles de determinada acción tienen valor doble etc.

- *Reglamento:* regla relacionada con el reglamento del fútbol. Por ejemplo si hay o no fuera de juego o si se debe de hacer el saque de banda con las manos o con los pies.

A continuación, en la siguiente imagen, se representa un ejemplo de sesión de entrenamiento con la estructura anteriormente propuesta.

Cuerpo técnico	Alberto Martín	
Equipo	Cantera	
Nº Sesión 20	**FECHA:** 11/09/2018 **LUGAR:** Ciudad Deportiva Las Rozas.	**MATERIAL:** Conos, mini-porterías, balones y petos.
OBJETIVO PRINCIPAL	Mantener la posesión/Progresar	
OBJETIVO SECUNDARIO		

Parte Inicial

Activación: En un espacio delimitado, realizamos movilidad articular y posteriormente jugaremos al pilla-pilla con diferentes variantes.
V.1 Limitación temporal (en lo últimos 10 segundos quien la quede tendrá premio)
V.2 Limitación espacial. Iremos reduciendo el espacio de juego.

Espacio:	Duración: 12'	Contenidos
		*Control y pase *Posicionamiento básico ofensivo(distancias de relación en amplitud/profundidad y diferentes alturas)
		Desarrollo y Variantes (especificar sistema de juego)
		Figura de pase en forma de cruz, donde se realizaran una secuencia de pases siguiendo la indicación numérica del gráfico. V1: juego a un toque.
Aspectos a incidir		**Normas (Provocación, Continuidad, Puntuación, Reglas de juego)**
*Lateralidad (derecha e izquierda) *Observar movilidad del compañero para pasar al pie o al espacio. *Observar posición e intencionalidad del rival para orientar o no el control (fijarme posición del cono). Comunicación táctica (ayudar y facilitar la acción al compañero). *Evitar precipitación por miedo.		PROV: Movilidad del compañero antes de recibir, pedir balón hacia un espacio. Pasaremos desde toques libres a un toque. CONT: Siempre inicia el balón desde donde sale. Lo introduce el entrenador. PUNT: Conseguiremos un punto cuando consiga hacer 15 pases seguidos sin fallar (modo reto al final). RJ: Ninguna.

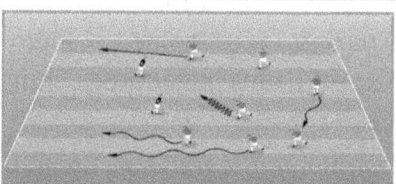

Parte Final

Vuelta a la calma: Juego de pases por parejas. Siguiendo la estructura del gráfico se pasarán el balón entre compañeros mientras otras dos parejas compiten dándose pases entre ellos sin que su balón choque con el resto. Los pases deberán ser siempre rasos. Pierna no dominante, máximo 2 toques.

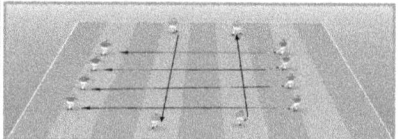

Parte Principal		
Espacio:	**Duración: 2x8'**	**Contenidos**
		*Control y pase *Posicionamiento básico ofensivo(distancias de relación en amplitud/profundidad y diferentes alturas)
		Desarrollo y Variantes (especificar sistema de juego)
		Mini-partido de 6x6, en el cual se dividirá el campo en 2 zonas. En la primera zona juegan 3x2+P. Una vez se rebase esta zona pasaran a jugar un 4x3 (incorporar dos jugadores de zona 1): con posibilidad de finalizar a portería.
Aspectos a incidir		**Normas (Provocación, Continuidad, Puntuación, Reglas de juego**
*Observar movilidad del compañero para pasar al pie o al espacio. *Observar posición e intencionalidad del rival para orientar o no el control. *Reconocer los pasillos de juego para poder dar amplitud. *No invadir zonas del compañero. Comunicación táctica (ayudar y facilitar la acción al compañero). *Evitar precipitación por miedo.		PROV: para pasar de una zona a otra hay que dar 4 pases mínimo. Dos jugadores podrán ocupar pasillos laterales donde podrán recibir sin ser robados, pero no podrán conducir. CONT: Siempre inicia el balón el portero. PUNT: Gol=1punto. RJ: No hay fuera de juego.
Espacio:	**Duración: 2x12'**	**Contenidos**
		*Control y pase *Posicionamiento básico ofensivo(distancias de relación en amplitud/profundidad y diferentes alturas)
		Desarrollo y Variantes (especificar sistema de juego)
		Partido de 6x6, en el cual se dividirá el campo en 2 zonas. En la primera zona juegan 3x2+P. Una vez se rebase esta zona pasaran a jugar un 4x3 (incorporar dos jugadores de zona 1): con posibilidad de finalizar a portería.
Aspectos a incidir		**Normas (Provocación, Continuidad, Puntuación, Reglas de juego**
*Observar movilidad del compañero para pasar al pie o al espacio. *Observar posición e intencionalidad del rival para orientar o no el control. *Reconocer los pasillos de juego para poder dar amplitud. *No invadir zonas del compañero. Comunicación táctica (ayudar y facilitar la acción al compañero). *Evitar precipitación por miedo.		PROV: para pasar de una zona a otra hay que dar 4 pases mínimo. Un jugador de zona 2 podrá venir a jugar a zona 1. CONT: Siempre inicia el balón el portero, excepto cuando haya saque de banda en campo contrario. PUNT: Gol=1punto. RJ: No hay fuera de juego + Saque de banda.

IMAGEN. Ejemplo de sesión de entrenamiento.

Pero para el aprendizaje podemos utilizar diferentes formas, métodos o como en enseñanza se denomina, estrategia didáctica o metodológica. Podemos entender como estrategia metodológica en el fútbol como todas aquellas estrategias que permiten identificar principios, criterios y procedimientos que configuran la forma de actuar del entrenador en relación con la programación, implementación y evaluación del proceso de entrenamiento.

Entre las posibilidades que pueden ofrecernos la didáctica y su aplicación al entrenamiento, considero interesante destacar las siguientes dos propuestas, las cuales pueden ser interesante para desarrollarlas tanto en el fútbol de élite o en el fútbol base.

- *Secuenciación metodológica clásica:* el contenido de trabajo se presenta partiendo de situaciones menos complejas del juego hasta llegar a situaciones más cercanas a la realidad del mismo.

- *Secuenciación invertida o "reloj de arena":* siguiendo la propuesta de Chesnau y Durte (1995) puede ser interesante invertir el orden de los apartados y dependiendo de la necesidad del momento, presentando primero el problema en una situación global y posteriormente llevarlo en situaciones más simples.

NOMBRE TAREA: P1	DURACIÓN: 5-10Min aprox.	Espacio inicial: 25X25	Tipo tarea: REAL	Desarrollo y explicación general	Posibles contenidos a desarrollar Medios técnico-tácticos / posicionamiento y movilidad
VARIANTE 1 (imagen del campo)				Se presenta la situación de juego los más cercana a la realidad, con el fin de poder identificar el concepto en una situación real de partido. En este caso se plantea un 11x11, pero podría representarse en otra estructura de juego.	*Analizar el entorno para orientar el control. *Identificar posición y movilidad del compañero y rivales para pasar al pie o al espacio. *Patrones básicos motrices (golpear y no empujar, equilibrarse en el golpeo, utilizar superficie de contacto adecuada). *Mantener **distancia de relación** que nos permitan asociarnos sin perder la amplitud y la profundidad (respecto a espacios de juego e intencionalidad): progresar o mantener). *Posicionamiento a **diferentes alturas** (mayor líneas de pases y fijación línea defensiva rival)
Matices a concretar				**Matices a concretar**	**VARIANTE 3** (imagen del campo)
				No hay secuenciación de pases, se introducen oponentes y también comodines que faciliten la superioridad numérica. Introducir diferentes reglas que dificulten o faciliten la realización del objetivo.	**Matices a concretar** Se amplía el espacio y se introducen porterías y porteros. Puede haber o no comodines. Y según el objetivo y contenido a desarrollar se podrá introducir líneas que faciliten la organización del equipo. Importante introducir sistema de juego de la tarea. (ej.3-2-1). Como regla introducir dentro de la tarea, se puede provocar que no haya goles al principio y se consiga punto a través de la consecución de "x" pases y posteriormente que haya gol.
TIPO TAREA/PARTE SESIÓN				**TIPO TAREA/PARTE SESIÓN**	**TIPO TAREA/PARTE SESIÓN**
GENÉRICA/INICIAL O PRINCIPAL				GENÉRICA/INICIAL O PRINCIPAL	MODIFICADA/ PRINCIPAL

IMAGEN. Ejemplo de secuenciación invertida.

NOMBRE TAREA: P1	DURACIÓN: 15-20 Min aprox.	Espacio inicial: 25X25	Tipo tarea: INESPECÍFICA	Desarrollo y explicación general	Posibles contenidos a desarrollar Medios técnico-tácticos / posicionamiento y movilidad
				Figura de pase siguiendo la secuenciación marcada en el gráfico: 1. Pase a jugador de la derecha y devolución al jugador que ha realizado el pase. 2. Pase al jugador opuesto. 3. Pase a jugador de la derecha y devolución al jugador que ha realizado el pase. 4. Pase al jugador de enfrente.	•Analizar el entorno para orientar el control. •Identificar posición y movilidad del compañero y rivales para pasar al pie o al espacio. •Patrones básicos motrices (golpear y no empujar, equilibrarse en el golpeo, utilizar superficie de contacto adecuada). •Mantener **distancia de relación** que nos permitan asociarnos sin perder la amplitud y la profundidad (respecto a espacios de juego e intencionalidad: progresar o mantener). •Posicionamiento a **diferentes alturas** (mayor líneas de pases y fijación línea defensiva rival)

VARIANTE 1	VARIANTE 2	VARIANTE 3

Matices a concretar	Matices a concretar	Matices a concretar
Se introducen jugadores que realizan movilidad articular por el espacio de juego de manera aleatoria. Con el fin de facilitar el desarrollo de la tarea podremos hacer 2 grupos y dividirlo por colores de tal forma que se pueda llevar a cabo cambios de rol con mayor fluidez.	No hay secuenciación de pases, se introducen oponentes y también comodines que faciliten la superioridad numérica. Introducir diferentes reglas que dificulten o faciliten la realización del objetivo.	Se amplía el espacio y se introducen porterías y porteros. Puede haber o no comodines. Y según el objetivo y contenido a desarrollar se podrá introducir líneas que faciliten la organización del equipo. Importante introducir sistema de juego (ej.3-2-1). Como regla a provocar dentro de la tarea, se puede introducir que no haya goles al principio y se consiga punto a través de la consecución de "x" pases y posteriormente que haya gol.

TIPO TAREA/PARTE SESIÓN	TIPO TAREA/PARTE SESIÓN	TIPO TAREA/PARTE SESIÓN
INESPECÍFICA/PARTE INICIAL	GENÉRICA/INICIAL O PRINCIPAL	MODIFICADA/ PRINCIPAL

IMAGEN. *Ejemplo de secuenciación clásica.*

El proceso de diseño de tarea en su relación con la programación y planificación plantea el reto de elaborar las actividades y ejercicios de manera coherente y progresiva, evitando generar situaciones de juego excesivamente complejas o al contrario, excesivamente sencillas. Para adecuar y aproximar lo máximo posible la complejidad de la tarea a las necesidades del entrenamiento debemos de tener en cuenta diferentes elementos que pueden modificar la dificultad de la misma. En el siguiente cuadro se muestran diferentes ítems relacionados con lo anteriormente escrito.

	Nivel complejidad de las tareas	
ITEMS	**DESCRIPCIÓN**	**NIVEL**
INESTABILIDAD	Equipo mantiene una fase (o ataca o defiende)	BAJO
	Equipo ataca y defiende sin constancia temporal	MEDIO
	Equipo ataca y defiende constantemente en el tiempo	ALTO
LIMITACIÓN MOTRIZ	No hay limitación motriz	BAJO
	Hay limitaciones motrices media-bajas (3 toques en adelante)	MEDIO
	Hay limitaciones motrices media-altas (1,2 toques)	ALTO
LIMITACIÓN TEMPORAL	No hay limitación temporal	BAJO
	Limitación temporal media-baja (limitación de tiempo amplio para resolver situación de juego)	MEDIO
	Limitación temporal media-alta (muy poco tiempo para resolver situación de juego)	ALTO
OPOSICIÓN ATAQUE	Superioridad numérica de 3-4 jugadores	BAJO
	Superioridad numérica de 1-2 jugadores	MEDIO
	Igualdad numérica o inferioridad en ataque	ALTO
OPOSICIÓN DEFENSA	Superioridad numérica de 2-3 jugadores	BAJO
	Superioridad numérica de 1 jugador	MEDIO
	Igualdad numérica o inferioridad en defensa	ALTO
RELACIÓN JUGADORES-ESPACOS	Relación jugadores-espacios baja (poca población de jugadores por espacio de juego)	BAJO
	Relación jugadores-espacios intermedia o estándar (la que corresponde según clasificación tareas)	MEDIO
	Relación jugadores-espacios alta (alta población de jugadores por espacio de juego)	ALTO

IMAGEN. Elementos que influyen en la tarea y su influencia en la complejidad de las mismas.

Una de las cuestiones que se hacen muchos entrenadores en el fútbol base e incluso a nivel profesional tiene relación directa sobre la secuenciación y organización de las tareas de entrenamiento en el tiempo. Empiezan a surgir diferentes preguntas, ¿qué tareas de entrenamiento se ajustan a la etapa de infantiles?, ¿y a las de juveniles?, ¿debemos establecer un tipo de tarea según las edades? Si entendemos la evolución y la planificación de la enseñanza y aprendizaje desde un punto de vista diferente a las estructuras por edad, es decir, atendiendo al nivel de competencia adquirido y a las posibilidades de desempeño que tiene un grupo quizás empecemos a pensar de otra manera, obviando la necesidad de sistematizar algo que no se puede sistematizar a medio-largo plazo ni estructurar en periodos. Como "faro de guía" podemos observar las capacidades y posibilidades de los jugadores que conforman el grupo o equipo y a partir de ahí ajustar a las posibilidades espacio-temporales según el desarrollo madurativo que tienen.

Por lo tanto, es interesante cambiar el enfoque y orientar está secuenciación de del aprendizaje por complejidad de las tareas, ¿o a caso un niño de 10 años no puede resolver situaciones de juego muy parecidas a un juvenil? A su nivel y ajustando las estructuras del juego con el espacio es más que probable. No hay límites en el aprendizaje, solo limitadores. Establecer la progresión del aprendizaje por niveles de complejidad no es algo novedoso que se haya descubierto recientemente, ya que, si nos fijamos en el comportamiento de cualquier niño que juega, siempre tiende a ajustar de manera casi inconsciente sus niveles de desempeño con tareas que significan un reto para él. La diferencia con la práctica deliberada es que como entrenadores o técnicos debemos generar el mejor contexto de aprendizaje dentro de una organización grupal, por cierto, tarea nada sencilla sobre todo cuando los niveles y capacidades dentro de un grupo son dispares.

Como muestra práctica de lo anteriormente explicado podemos llevar a cabo una organización y secuenciación de tareas por niveles de complejidad utilizando los diferentes elementos mostrados en la anterior imagen. De tal forma que podamos organizar y plantear diferentes estrategias metodológicas y progresión de las mismas como se muestra en el gráfico que viene a continuación.

OBJETIVO: CONSTRUIR SITUACIONES DE ATAQUE

NIVEL AVANZADO (N3)

NIVEL DE COMPLEJIDAD	ESPACIOS	ESTRUCTURA DE JUEGO/ASPECTOS RELACIONADOS CON LA TAREA	GRADO INCERTIDUMBRE ENTORNO	TIPO TAREA
N3	Distancias reales de juego o cercana a las reales.	Figuras de pase/finalización con jugadores en poca población (pocos jugadores) haciendo oposición pasiva o movimientos aleatorios con posiciones específicas y limitación motriz.	Medio-bajo	*Inespecífica*
	Alta densidad (relación número de jugadores/espacios)	Situaciones de juego sin demarcación y superioridad de 1 jugador con limitación temporal y motriz.	Alto	*Genéricas*
	Situaciones con presión y superioridad numérica defensiva del rival	Juego con estructura de 6x6 y superioridad del portero y limitación temporal y motriz.	Alto	*Modificadas*
	Situaciones con presión y superioridad numérica defensiva del rival	Situaciones espacios cercanos a F11 con presión y superioridad de un solo jugador pero con limitación temporal y motriz.	Alto	*Real*

Representación gráfica

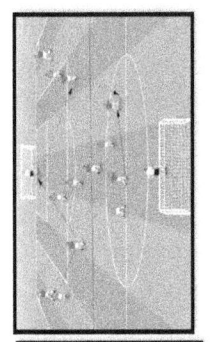

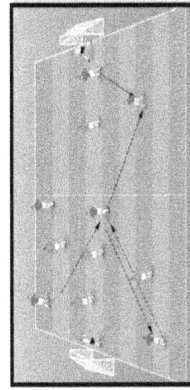

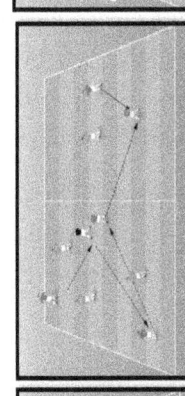

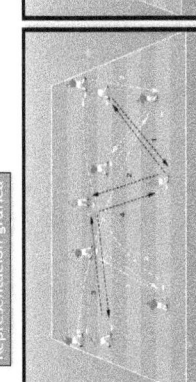

NORMAS DE PROVOCACIÓN PARA OBJETIVO DE JUEGO

OBJETIVO	NORMAS DE PROVOCACIÓN POSIBLES	OBSERVACIONES
CONSTRUIR SITUACIONES DE ATAQUE	Colocar pasillos o zonas de ocupación preferente.	Orientar posicionamiento de los jugadores y distribución posicional.
	Ajustar la limitación motriz con los toques al balón	Posicionarse más rápido para resolver situaciones de juego.
	Intervención limitada de jugadores que solo pueden cumplir el objetivo.	Búsquedas de hombres libres preferenciales.
	Ajustar la limitación temporal limitando el tiempo para cumplir un objetivo o resolver la situación de juego predefinida.	Jugar bajo ritmos de juego más alto y con presión mental.
	Marcar zonas de progresión preferenciales	Señalar zonas a alcanzar

IMAGEN. Ejemplo de secuenciación de tareas para el aprendizaje con diferentes estrategias metodológicas.

*Sobre el uso de espacios de entrenamiento.

El uso de espacios de entrenamiento es uno de los aspectos metodológicos a tener en cuenta en las tareas y quizás uno de los más estudiados e investigados en la literatura científica. Por desgracia a muchos clubes que cuentan con limitaciones de espacios de entrenamiento, teniendo sus equipos que compartir espacios entre ellos en el mismo tramo horario e incluso con otros clubes. Por lo tanto, la optimización del espacio de entrenamiento es uno de los grandes objetivos que tienen las entidades deportivas si quieren otorgar mayor calidad a los entrenamientos de sus diferentes equipos.

Son varios los autores que están en esta corriente de investigación (Aroso, Rebelo y Gomes-Pereira, 2004, Casamichana y Castellano, 201, Gabbett y Mulvey, 2008, Fradua et al. 2012) intentando analizar el juego para poder reproducir ciertos aspectos del mismo al entrenamiento con mayor claridad. En un juego de total incertidumbre y variabilidad es muy difícil predecir los metros cuadrados que abarca un jugador durante el desarrollo del encuentro en cada momento del mismo o como hace referencia a este aspecto Fradua et al. (2013) es "difícilmente medible por metros cuadrados pero nuestra intención es aproximarnos algo más al conocimiento de los espacios en los que se desenvuelven los jugadores profesionales".

Siguiendo la propuesta de Fradua et al. (2013) podemos sacar algunas características que aproximen y nos referencien que tipo de espacios son más útiles en el entrenamiento según el momento del juego y la intencionalidad del mismo:

- Para las tareas de entrenamiento donde se prioricen principios de juego orientados a la progresión es interesante utilizar espacios de juego más verticales que anchos.

- En las tareas de entrenamiento donde se quieran priorizar ciertas circulaciones de balón orientadas a la mantener la posesión del balón, los espacios pueden estar orientados a predominar la amplitud con respecto a la profundidad.

- Con respecto al trabajo de situaciones de finalización, la investigación nos indica que la profundidad predomina con respecto a la amplitud.

- Como aspecto a destacar en las tareas orientada a la finalización, los estudios muestran que normalmente las relaciones que se mantienen entre la línea defensiva y el portero adquieren una distancia de entre 8,93 y 15,62 metros.

Este tipo de propuesta nos pueden servir tanto para acercar a nuestro modelo de juego a situaciones reales simuladas como información útil para diseñar tareas de carácter diferente (genéricas, reducidas etc.).

*Sobre como modificar el contexto de aprendizaje para poder potenciar el talento durante el proceso de entrenamiento.

Quizás uno de los dilemas actuales se encuentra en el debate de enseñanza vs aprendizaje, de quienes defienden la enseñanza como elemento clave y configurador del aprendizaje del alumno, siendo este último un consumidor pasivo de información, contra aquellos que no creen en la enseñanza y proponen modelos en el cual los contextos puedan potenciar las habilidades de los alumnos o en este caso de los jugadores. Personalmente tengo especial debilidad por esta segunda propuesta, aspecto que no he podido ocultar como se habrá podido observar a lo largo de este trabajo.

Como modificador y creador de contextos de aprendizajes hay que tener en cuenta que elementos o mejor dicho variables, influyen dentro de las tareas de entrenamiento. En este capitulo ya se han mencionado ciertas variables que modifican la complejidad de las tareas, pero el uso de estas variables no debe solo quedarse en las tareas, sino que debe intentar, en la medida de los posible extrapolarse a la planificación, de tal forma que el contexto de aprendizaje se modifique de forma coherente a los requerimientos del grupo de trabajo. En la siguiente gráfica se muestra de manera aproximada una dinámica de modificación de variables para modificar el contexto de aprendizaje durante una temporada.

Considero casi imposible prever en el tiempo que tipo de dinámica se adapta mejora a cada grupo de trabajo, pero si considero y creo importante conocer que dinámica se está llevando a cabo durante el proceso de aprendizaje del grupo. Poder obtener datos sobre las diferentes variables utilizadas en los microciclos y su relación con los objetivos y contenidos propuestos, puede ser un indicador que nos aporte información de cómo se está manipulando el contexto para enriquecer el aprendizaje del jugador. Como se muestra en el siguiente gráfico, las modificaciones deben ir haciéndose no de manera inmediata, sino repitiendo estímulos durante 2-3 semanas para posteriormente pasar a otro grado de dificultad.

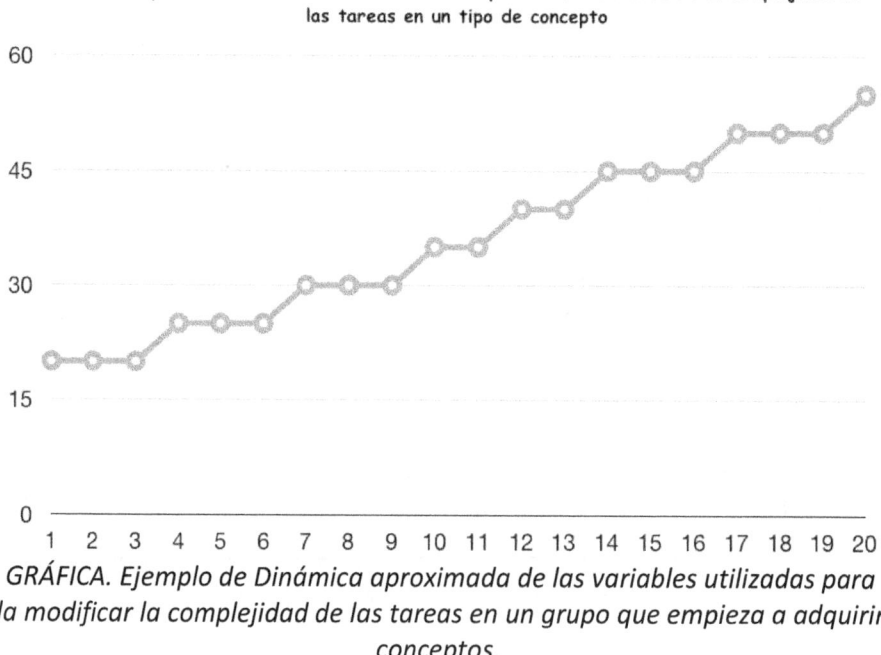

GRÁFICA. Ejemplo de Dinámica aproximada de las variables utilizadas para la modificar la complejidad de las tareas en un grupo que empieza a adquirir conceptos.

Por lo tanto, podemos concluir que el proceso de enseñanza-aprendizaje está compuesto por una serie de elementos que organizan el mismo. Cada uno de ellos permite establecer el canal de comunicación entre el técnico y los jugadores para optimizar el proceso de enseñanza-aprendizaje. Desde la programación y el contenido de la misma hasta las tareas de entrenamiento se establece una red de información que permitirá familiarizar y envolver a los jugadores con el proceso enseñanza-aprendizaje.

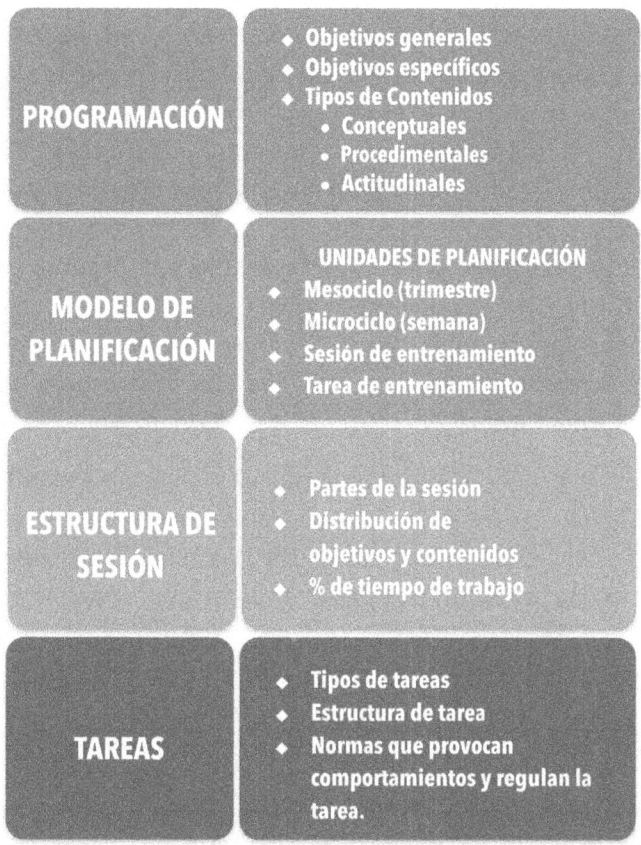

IMAGEN. Elementos que organizan el proceso de enseñanza-aprendizaje.

4.2.7. Evaluar por competencias en el fútbol formativo.

"No somos lo que somos, somos lo que nos rodea"

¿Qué necesita un chico para llegar a ser un buen jugador de fútbol?, ¿cómo y qué evaluar?, ¿cómo podemos establecer un proceso de aprendizaje sin tener en cuenta lo que "ya sabe" el jugador?, ¿no es un poco aventurado valorar lo que un jugador ha progresado sin establecer un proceso de evaluación?, y si es así, ¿cómo debemos evaluar el aprendizaje en un deporte tan complejo como el fútbol?

Las anteriores preguntas, no solo suelen rondar en las "cabezas" de muchos profesionales de la enseñanza del fútbol, también en aquellos profesionales que dirigen un proyecto formativo o son responsables de la formación de jugadores en clubes que invierten gran cantidad de dinero en chicos. Pero antes de adentrarnos en mayor profundidad no debemos olvidar el carácter complejo de los elementos que se van a abordar. Es bastante probable que las matemáticas dejen de ser exactas y que el caer en un proceso de calificación puede ponernos en la disposición de etiquetar y clasificar. Creo en la importancia de evaluar con el fin de poder obtener y proporcionar información que ayude a entender ciertos procesos y ciertos estados por los que un deportista en formación puede pasar, convirtiéndose en un elemento que clarifique tanta complejidad. Este tipo de procesos puede tomar relevancia cuando te desenvuelves en un contexto como es el fútbol donde no todas las personas que lo componen provienen de las ciencias del deporte.

Siguiendo la propuesta mencionada en capítulos anteriores, en el fútbol base la orientación de la evaluación debe seguir una metodología para evaluar por competencias. El proceso de evaluación debe valorar las capacidades relacionadas con los objetivos y sus respectivos contenidos. Dicho proceso debe realizarse en varias dimensiones o saberes, analizando los comportamientos motrices, cognitivos y emocionales que implican la acción deportiva.

En el fútbol base además hay un matiz importante, y es que la evaluación de competencias nos va a permitir realizar un proceso personal de aprendizaje del jugador, ya que podremos detectar los diferentes aspectos que el jugador tiene que ir desarrollando, siendo la evaluación una herramienta más para el aprendizaje y no como instrumento que determine un resultado único y definitivo. Es importante resaltar esta última apreciación. La evaluación no debe buscar un resultado que califique al alumno o al deportista, debe servir para mejorar su proceso de aprendizaje y para ayudar al entrenador deportivo a guiarlo a través del mismo. Partiendo de que el comportamiento humano es complejo de evaluar, esto no quiere decir que la evaluación haya que excluirla, quizás el cambio debe estar en el paradigma de pensamiento, intentando desarrollar herramientas que con cierta objetividad sean capaces de ayudar a los entrenadores deportivos a tomar decisiones dentro del contexto en que se realiza.

Evaluación ≠ resultado que defina

Evaluación = datos para obtener información contextual en un momento del tiempo y que está abierta a cambios constantes en el tiempo.

Esta última definición nos marca el carácter complejo de la misma, ya que la evaluación debe eliminar cualquier tipo de encasillamiento, siendo solo útil para valorar la evolución en el tiempo de las competencias que va adquiriendo un jugador. Este último aspecto es fundamental, ya que el tiempo requiere observación constante, requiere experiencias en diferentes contextos y requiere una concepción amplia del proceso de formación del jugador de fútbol, donde año tras año cada jugador auto configura y optimiza cada una de las unidades o estructuras de su cuerpo, marcadas principalmente por la madurez biológica y las experiencias adquiridas en cada una de las etapas por la que transita.

Sobre los criterios y aspectos conceptuales que hay que tener en cuenta para evaluar los diferentes saberes o dimensiones de la competencia podemos establecer los siguiente:

- **SABER:** evaluación sobre el conocimiento de los diferentes conceptos y aspectos del juego y el uso del mismo.
- **SABER HACER:** adaptación motriz y cognitiva (aspectos relacionados con la fluidez, la eficiencia motriz y cognitiva o la velocidad en la toma de decisiones). a los diferentes contextos (de los simples a los complejos).
- **SABER SER:** disposición emocional ante la aplicación de los conceptos, sensaciones que transmite y perdurabilidad en el tiempo.
- **PODER HACER:** rendimiento durante la competición. Menor importancias o orientación diferente según que categorías del fútbol base.

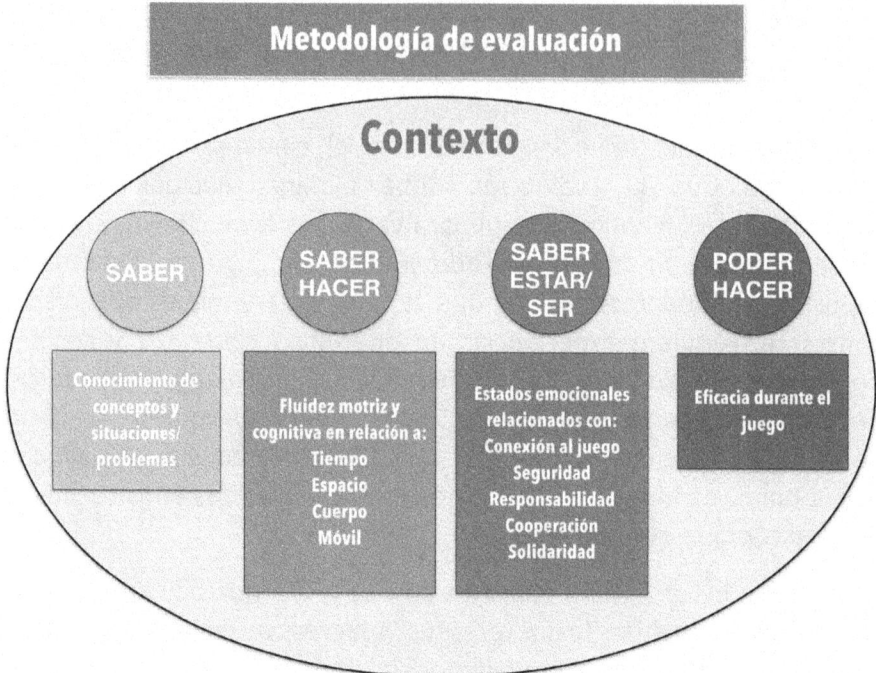

IMAGEN. Evaluar por competencias en el fútbol base.

- Por lo tanto, las herramientas que se lleven a cabo deben reflejar resultados que nos indiquen niveles de competencia, siendo los diferentes indicadores un instrumento que nos ayude a observar la evolución y las diferentes capacidades de los jugadores. Algunas de estas herramientas pueden ser:

- Rúbricas de evaluación: guías de evaluación del desempeño mediante descriptores.

- Cuestionarios de evaluación: conjunto de preguntas para obtener información sobre algún tipo de aspecto u objetivo.

- Análisis del entrenamiento y competición: a través de la observación de la conducta y las posibles modificaciones de la misma, adquiriendo diferentes grados de libertad (desde ser dependiente de cierta información que le proporcione el técnico hasta llegar a ser autónomo en sus comportamientos).

En la siguiente tabla se muestra un ejemplo de rúbrica sobre la aplicación de los conceptos relacionados con la movilidad y el posicionamiento en el momento de inicio de la fase de ataque.

Patrón	Posicionamiento/movilidad	Fase	Ataque/inicio	
Criterio	\multicolumn{4}{l	}{Disponer posicionalmente la ocupación del espacio con el fin de posibilitar las diferentes relaciones con balón y desajustar la organización inicial del rival.}
Contexto	\multicolumn{4}{l	}{Nivel rival bajo, situaciones de poca complejidad y ritmos bajos de juego}
Calif.	\multicolumn{3}{c	}{*Descriptores*}	Calif.
	SH		SE	
1 (Básico)	Reconoce su posicionamiento, pero pierde el sentido de profundidad y/o amplitud. Excesiva movilidad perdiendo sentido de profundidad y del juego diferentes alturas. Juega solo mirando el balón.		Carácter egocéntrico del jugador (de manera consciente o inconsciente), no aportando presencia en el juego de ataque y siendo discontinuo en la aplicación del concepto	1 (Básico)
2 (Intermedio)	Reconoce bien su posicionamiento, con sentido de profundidad y amplitud, ofreciendo opción de pase a diferentes alturas y generando superioridad numérica en espacios interiores o exteriores, reconociendo y dominando su entorno más inmediato		Carácter de juego colectivo, teniendo presencia en ataque, pero de manera discontinua (a veces desconecta del juego y no asume responsabilidades)	2 (Intermedio)
3 (Avanzado)	Tras cambio posición mantiene sentido de la profundidad y/o amplitud según la estructura del equipo y es capaz de mantener el cambio de rol hasta el momento oportuno para volver a su rol principal.		Muestra carácter de juego colectivo, teniendo presencia en ataque, estando conectado al juego y asumiendo responsabilidades en salida de balón.	3 (Avanzado)

Un matiz fundamental en el proceso de evaluación es la relevancia de tener en cuenta los contextos, las situaciones-problemas, evitando caer en el error de evaluar comportamientos o conductas descontextualizadas, aspecto que suele suceder cuando centramos la evaluación en los conocimientos del jugador o en las conductas motrices que aplica. Esto puede confundir o mejor dicho extrapolar el proceso de evaluación. Un jugador puede aplicar correctamente y con cierta eficiencia un pase, pero si la complejidad de la situación requiere de una adaptación motriz y cognitiva diferente, puede que este jugador no sea capaz de llevar a cabo un pase con cierta fluidez en determinado contexto. Es por esto que la metodología de evaluación en deportes de incertidumbre debe tener muy presente los contextos que envuelven a la acción deportiva, matiz de gran relevancia cuando la capacidad de adaptación motriz y cognitiva se convierte en una de las capacidades más importante para la práctica de este tipo de deportes.

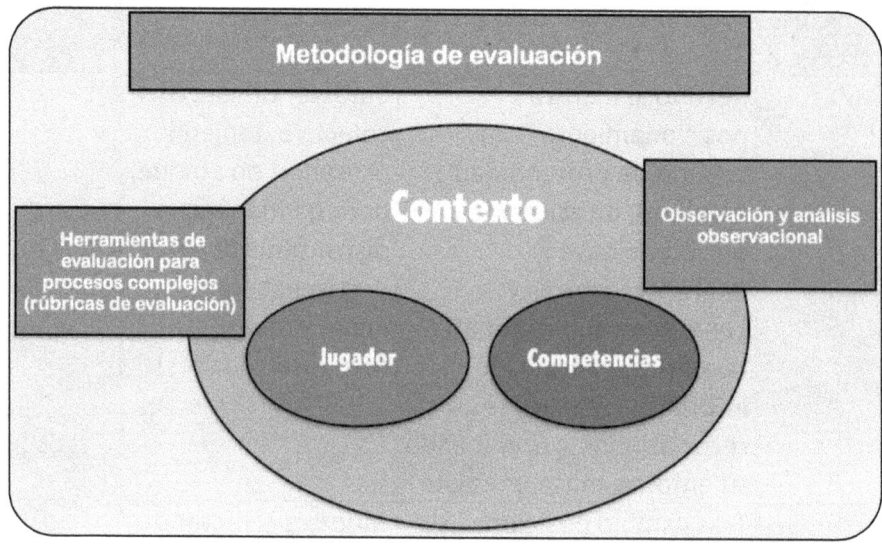

IMAGEN. Aspectos sobre la metodología de evaluación.

La acción de evaluar siempre está presente en cualquier actividad deportiva, de manera intrínseca o extrínseca. El verdadero problema en los deportes llamados no lineales proviene de su estructura y dinámica, aspecto que ha dificultado siempre la evaluación de la conducta psicomotriz del jugador y por ende la determinación de sus competencias. Esta paradoja de evaluar lo complejo debe inducir a cambios metodológicos en este proceso y abordar el mismo desde otro prisma de pensamiento, investigando y aplicando nuevos métodos y utilizando nuevas herramientas. Este proceso de investigación siempre debe basarse en el conocimiento del deporte, aspecto muy importante cuando los propios evaluadores son los técnicos deportivos, siendo fundamental el cambio de paradigma en el pensamiento sobre los deportes de incertidumbre.

A continuación, se muestran otros ejemplos de instrumentos elaborados de manera particular para poder evaluar con mayor precisión las competencias y obtener resultados e indicadores de evaluación según nivel de desempeño.

Nombre jugador		INICIAL			1º TRIMESTRE		
		SABER	SABER HACER	SABER SER/ESTAR	SABER	SABER HACER	SABER SER/ESTAR
Criterios de evaluación		Conocimiento	Adaptación de las habilidades y destrezas a diferentes estrategias, ritmos y situaciones de juego	Actitudes	Conocimiento	Adaptación de las habilidades y destrezas a diferentes estrategias, ritmos y situaciones de juego	Actitudes
Aspectos a valorar (códigos)							
A1	**Movilidad y posicionamiento**						
	Mantener distancia de relación que nos permitan asociarnos sin perder la amplitud y la profundidad (respecto a espacios de juego e intencionalidad: progresar o mantener).	X					
	Posicionamiento a **diferentes alturas** (mayor líneas de pases y fijación línea defensiva rival)	X	X		X	X	
	Disposición posicional para acumular jugadores por dentro o por fuera para **generar superioridad numérica**	X	X		X		
	Cambio de posición y cambio de rol (no perder sentido de organización).	X	X	X	X	X	X
A2	**Actuación ofensiva**						
	Atraer al rival para jugar con lejano o generar espacios a la espalda de la defensa	X	X	X	X	X	X
	Generar superioridad numérica con balón	X	X		X	X	
	Búsqueda de hombre libre o espacios libres de progresión	X	X		X	X	

IMAGEN. Ejemplos de instrumentos e indicadores de evaluación.

Dejar constancia del trabajo que realizamos y poder documentar o evidenciar el trabajo realizado es también uno de los objetivos que debemos alcanzar como profesionales del deporte y en este caso del fútbol, incluso sabiendo la dificultad que entrama poder evaluar la complejidad. En la siguiente imagen se muestra la elaboración de una de las páginas del informe de un jugador de fútbol base. El informe muestra los diferentes niveles de competencias alcanzados durante la temporada tanto a nivel de juego como de entrenamiento. Este aspecto nos muestra como los jugadores van desarrollando sus competencias y la evolución en el aprendizaje de las mismas. En este informe también es interesante reportar diferentes aspectos sobre el contexto competitivo y de entrenamiento que ha tenido el jugador durante el periodo de tiempo estipulado.

4.2.7.1 Empezar a trabajar desde la evaluación. Agrupar por niveles, seguimiento individual y registro de evidencias de aprendizaje.

La evaluación en el fútbol base no solo nos va a indicar el nivel a ayudar a determinar el nivel de competencia de los jugadores, también va a ser una herramienta muy útil para hacernos consciente de la evolución en el aprendizaje de los jugadores y de los aspectos a mejorar de cada uno de ellos, a la misma vez, que nos va a indicar también limitaciones en el aprendizaje del jugador y que tipo de contextos puede ayudarnos a potenciar el talento de los futbolistas.

A continuación, se observan dos gráficas, en la primera de ellas, se indica el nivel de desempeño y competencia de un equipo de fútbol de categoría juvenil. En esta gráfica se aprecia la diferencia de niveles que hay entre unos jugadores y otros, estando algunos de ellos en indicadores muy por encima de otros. Esto nos muestra dos aspectos importantes: que en la formación de este equipo no se ha tenido en cuenta las diferencias de niveles (aspecto comprensible según tipo de club), y como segundo aspecto y relacionado con el primero, tanto los jugadores que se encuentran en un umbral alto como los que están en umbrales menores provocan interacciones que pueden enlentecer el proceso de aprendizaje de unos y otros, siendo la mejor decisión la promoción de jugadores de los de más alto nivel de desempeño a un equipo de mayor nivel dentro del club o fuera del mismo.

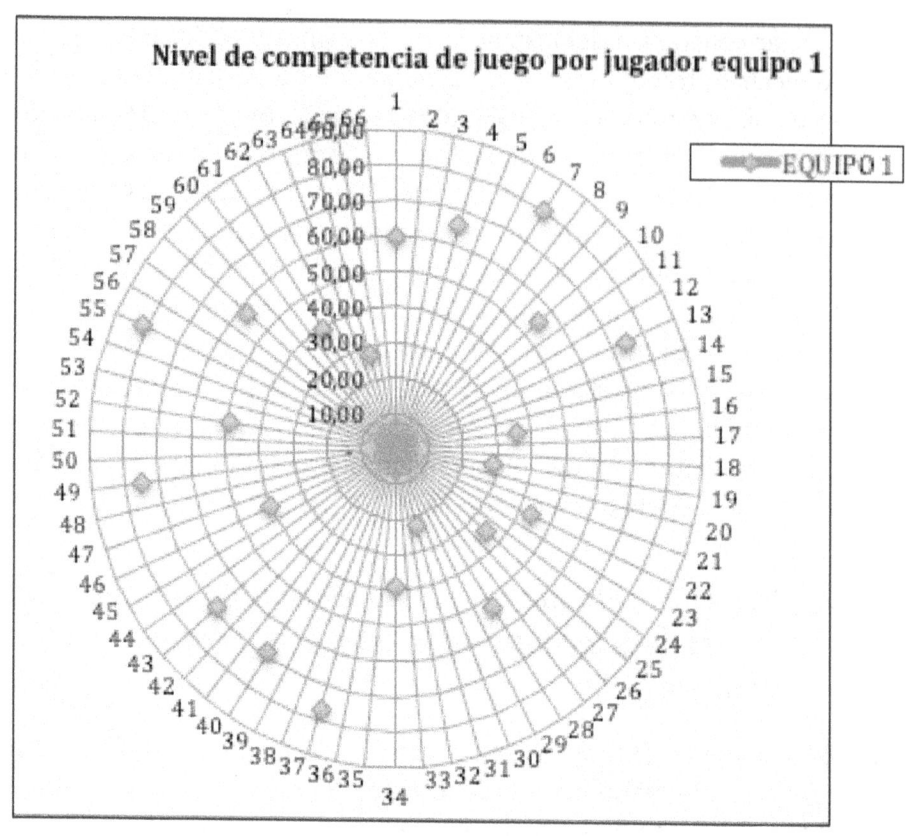

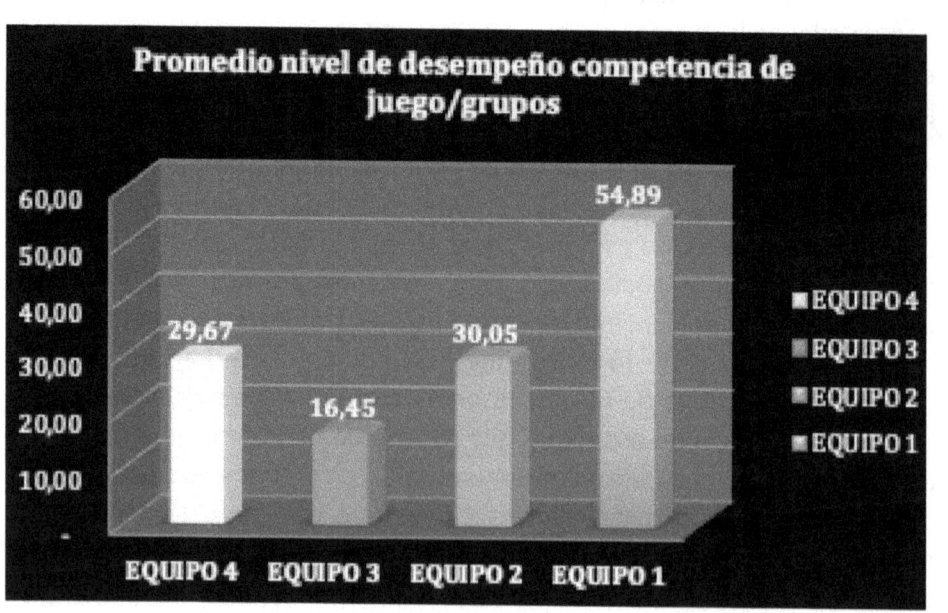

En esta segunda gráfica se observa una comparativa entre el nivel de diferentes equipos, observando diferentes agrupaciones. Este tipo de datos nos ayuda a ver la equidad de jugadores en los equipos, aspecto fundamental para poder crear un mejor contexto de aprendizaje y de entrenamiento.

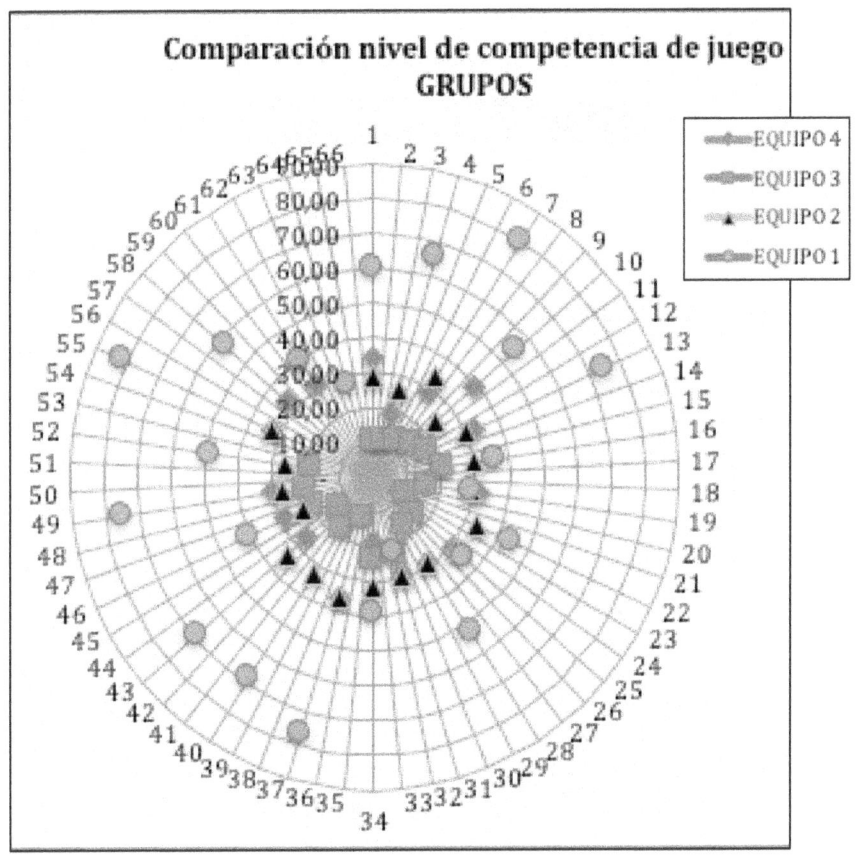

Como anteriormente mencionaba, a través de la evaluación y de ciertos valores referenciados en datos vamos a poder iniciar un seguimiento personal del jugador, pudiendo personalizar ciertos aspectos de la planificación. En la siguiente imagen se muestra un ejemplo de este proceso de seguimiento, donde es importante reflejar los objetivos personales del jugador y las evidencias de aprendizaje de esos objetivos, bien en valoraciones periódicas o en registros casuales.

Programación y planificación: proceso personalizado de enseñanza-aprendizaje

ESQUEMA. Proceso personalizado de enseñanza-aprendizaje.

En la siguiente gráfica se muestra la evolución en el aprendizaje de un grupo de jugadores durante su proceso de formación durante el primer trimestre y el segundo trimestre.

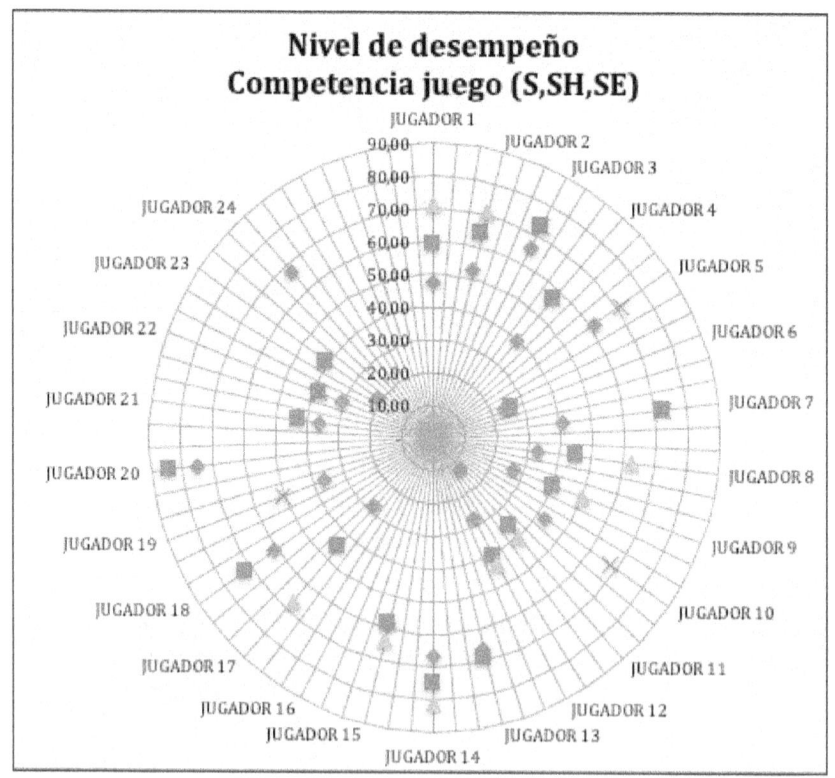

Para evaluar el proceso de enseñanza-aprendizaje del jugador es importante conocer la evolución o el grado o cantidad de aprendizaje, entendida esta como los puntos de mejora de un jugador en un tiempo determinado sobre una competencia. A continuación, se muestra un ejemplo de estos puntos de mejora del primer al segundo trimestre sobre la competencia de juego.

Es muy lógico encontrar jugadores de nivel medio-bajo o bajo que tienen mayor evolución que los de nivel medio-alto o alto. Esto no quiere decir que un jugador de nivel bajo que evoluciona más que el de nivel alto estén al mismo nivel.

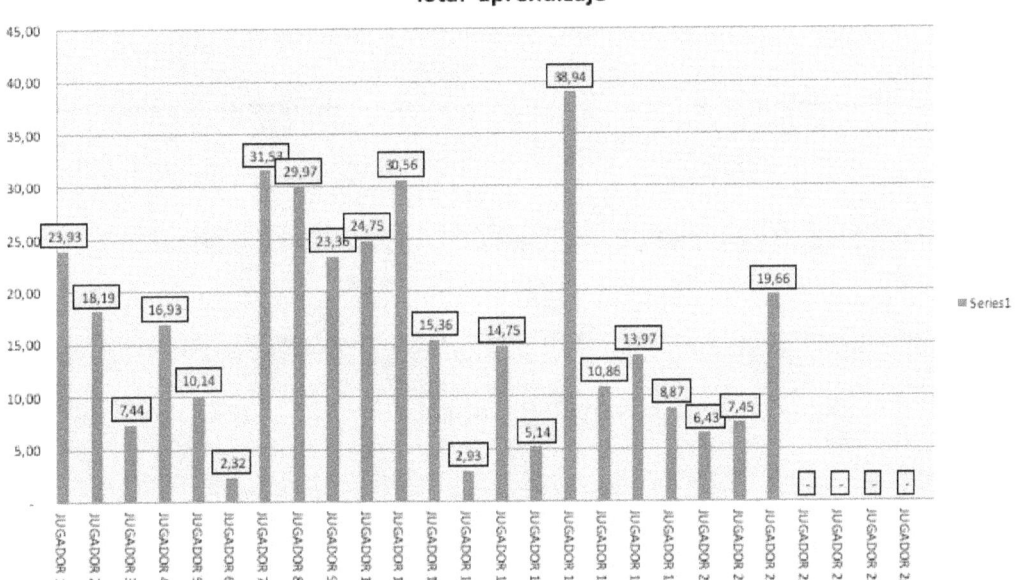

Otro elemento importante es el desarrollo de objetivos individuales. Este aspecto tiene diferentes beneficios en cuanto al aprendizaje y la interacción entre el entrenador y el jugador. Esta práctica incluso se puede extender en el fútbol profesional, si bien, modificando ciertos aspectos de la misma. Como beneficios importantes tenemos:

- Seguimiento personalizado por parte del cuerpo técnico del aprendizaje del jugador.

- El jugador toma consciencia de metas a corto plazo, suponiéndole un reto que debe ir superando, ofreciéndole un reto diferente al de la competición.

- Espacio privado para compartir y dialogar sobre el juego y otros aspectos entre el entrenador y el jugador.

- Utilidad para poder evaluar el conocimiento del juego del jugador a la vez que permite desarrollarlo.

- Apoyo en soporte visual, siendo un elemento importante para el aprendizaje. El propio jugador se ve en acción.

A continuación, se muestra un ejemplo de cómo trabajar con objetivos individuales a través de algunas herramientas.

IMAGEN. Ejemplos de herramientas para el seguimiento personal de los objetivos individuales del jugador

BIBLIOGRAFÍA

- Ardá, T. y Casal, C.A. (2003). Fútbol: Metodología de la enseñanza del fútbol. Barcelona: Paidotribo.

- Aroso, J., Rebelo, N., & Gomes-Pereira, J. (2004). Physiological impact of selected game-related exercises. Journal of Sports Sciences, 22, 522.

- Banco Sabadell (2012). Liderazgo por Guardiola & Trueba – BancSabadell 2012.
  Recuperado de https://www.youtube.com/watch?v=nsiKEdv7nFo

- Cano, O. (2012). El modelo de juego del F.C. Barcelona. MCSport.Vigo.

- Carnus, S. y Marsualt, C. (2003). Repenser l´EPS á partir de l´approche ecologique. Revista EPS, édition revue EPS, 302, pp.13.

- Casamichana, D., & Castellano, J. (2010). Time–motion, heart rate, perceptual and motorbehaviour demands in small-sides soccer games: Effects of pitch size. Journal of Sports Sciences,28, 1615–1623.

- Cercuiglini, B. (2008). Merciprofesseur!: Chroniquessavoureuses sur la languefrançaise. Bayard.

- Chesnau, J.L, y Duret, G. (1995). Iniciación al fútbol. Barcelona Editorial Hispano Europea.Barcelona.

- Corbeau, J. (1990). Fútbol. De la escuela... a las asociaciones deportivas. Lérida:Ágonos.

- Côté, J. y Hay, J. (2002). Children's involvement in sport: A developmental perspective. En J. M. Silva y D. Stevens, Psychological foundations of sport (pp. 484-502). Boston: Merrill.

- Diario El Mundo (2012). Los niños cada vez juegan menos, solos, y utilizan la consola para entretenerse.
  http://www.elmundo.es/elmundo/2012/03/15/espana/1331825975.html

- Fernández, G. (2012). El Método no hace al monje. The Tactical Room. Barcelona. http://www.martiperarnau.com/tactica/el-metodo-no-hace-al-monje/

- Fonseca, H. (2006). Futebol de Rua, um fenómeno em vías de extinçao?.Porto. Monografía no publicada.

- Fradua, J.L. (2005). "El entrenamiento con jóvenes jugadores en lasescuelas de fútbol". Master Universitario de Preparación Física en fútbol. Fundación R.F.E.F. y U.C.L.M. Madrid.

- Fradua, L; Zubillaga, A; Caro, O; Fernandez, A; Ruiz-Ruiz, C. y Tenga, A. (2012). Designing small-sided games for training tactical aspects in soccer: Extrapolating pitch sizes from full-size professional matches, Journal of Sports Sciences, DOI:10.1080/02640414.2012.746722

- Fradua, L; Zubillaga, A; Caro, O; Fernández, I; Ruiz, C y Tenga, A. (2013). Nuevas reflexiones para diseñar situaciones reducidas. Revista fútbol-táctico. Nº marzo, 2013. ISSN: 1988-1592

- Gabbett, T. J., y Mulvey, M. J. (2008). Time motion analysis of small-sided training games and competition in elite women soccer players. Journal of Strength and Conditioning Research, 22, 543-552.

- Gagné, F. (2000). Understanding the complete choreography of talent development through DMGT-based analysis. In K.A. Heller (Ed.), International handbook of giftedness and talent (2nd ed., pp. 67-79). Oxford, UK: Elsevier Science Ltd.

- Gallese, V. y Lakoff, G. (2005). The brain's concepts: the role of the sensory-motor system in conceptual knowledge. Cognitive neuropsychology, 22(3/4), pp.455.

- Manso, J. (2006). Planificación a largo plazo en la formación de superdotados motrices (talentos deportivos). Simposio sobre la detección, identificación e intervención con talentos verbales, matemáticos, deportivos y musicales.

- Garganta, J. y Pinto, J. (1997). La enseñanza del fútbol. En Graca, A y Oliveira, J. La Enseñanza de los juegos deportivos. Paidotribo. Barcelona.

- Gowan, JL. (1978). Creativity and gifted child movement. Journal of Creative Behavior. 12(1):1-13.

- Kuhn, T. (1962). La estructura de las revoluciones científicas. University of Chicago Press. Chicago.

- Lago, C. (2002). La enseñanza del fútbol en edad escolar. Sevilla: Wanceulen.

- Lealli, G. (1994). Fútbol base. Entrenamiento óptimo del futbolista en el periodo evolutivo. Barcelona: Martínez Roca.

- Lorenzo, A. (2007). Las Etapas del Proceso de Formación Física del Joven futbolista. Detección, Desarrollo y Selección del Talento en Fútbol. Master Universitario de Preparación Física en Fútbol.

- Moreno del Castillo, R. y Fradua, L. (2001). La iniciación al fútbol en el medio escolar. En Ruiz Ruiz Juan, F., García López, A. y Casimiro Andujar, A. J. La iniciación deportiva basada en los deportes colectivos (p. 145-177). Madrid: Gymnos.

- Napolitano, S; Tursi, D; Di Tore, P. y Raiola, G. (2013). Tactics-based on waterpolo training. Journal of human sport and exercise, 8(2), pp.271-282.

- Pacheco, R. (2004). La enseñanza y el entrenamiento del fútbol 7. Un juego de iniciación al fútbol 11. Barcelona: Paidotribo.

- Raiola, G. y Tafuri, D. (2015). Teaching method of physical education and sport by prescriptive or heuristic learning. International Christmas sport scientific conference. Hungary.

- Rayón, A. (2016). ¿Por qué Laporte es un defensa tan valorado? Diario Deia. Bilbao.
http://www.deia.com/2016/04/18/sociedad/euskadi-y-bizkaia-en-datos/por-que- laporte-es-un-defensa-tan-valorador

- Ruiz de Alarcón, A., Reina, A., Fernández, J.C. y Beas, M.A. (2006). Análisis de la iniciación al fútbol" Revista digital: Lecturas: Educación Física y Deporte –Buenos Aires- (Nº 92).

- Ruiperez, C. (2013). Guardiola estudió cuatro horas al día desde noviembre. Diario La Vanguardia. Barcelona.
http://www.lavanguardia.com/deportes/futbol/20130626/54376279430/guardiola-estudio-cuatro-horas-noviembre.html

- Sans, A. y Frattarola, C. (1998). Fútbol Base. Programa de entrenamiento para la etapa de tecnificación. Paidotribo. Barcelona.

- Sans, A. y Frattarola, C. (1999). Manual para la organización y entrenamiento en las escuelas de fútbol. Barcelona: Paidotribo.

- Sebastiani, E. y Blázquez, D. (2012). ¿Cómo formar un buen deportista? un modelo basado en competencias. un modelo basado en las competencias. Editorial Inde: Barcelona.

- Seirul-lo, F. (2004). "Estructura socioafectiva". Master Profesional en Alto Rendimiento en Deportes de Equipo: Área Coordinativa, Barcelona: Byomedic- Fundació F.C. Barcelona.

- Sergio Agüero (2009). Entrevista. Diario digital Infobae.. http://www.infobae.com/2009/11/05/482341-sergio-agero-en-la-calle-aprendi-lo-que-es-jugar-reglas/.

- Skinner, B. (1994). About behaviorism. Editorial Planeta-De Agostini,S.A. Barcelona.

- Soca, R. (2004). La fascinante historia de las palabras. Asociación cultural de Nebrija.

- Tamarit, X. (2007). ¿Qué es la periodización táctica? Editorial MCSport. Vigo.

- Torrents, C. (2005). La teoría de los sistemas dinámicos y el entrenamiento (tesis doctoral). Universitat de Barcelona. Barcelona (España).

- Wein, H. (1995). Fútbol a la medida del niño. Madrid: Real Federación Española de Fútbol.

- Wein, H. (2004). Fútbol a la medida del niño vol.1.Madrid: Editorial Gymnos.

- Wein, H. (2000). Fútbol a la medida del adolescente: programas formativos para desarrollar y mejorar su capacidad de juego. Sevilla: Centro de Estudios, Desarrollo e investigación del Fútbol Andaluz.

www.ingramcontent.com/pod-product-compliance
Lightning Source LLC
Chambersburg PA
CBHW080451170426
43196CB00016B/2757